KB199995

아프면 아프다고,
힘들면 힘들다고,
외로우면 외롭다고,
어려우면 어렵다고
그래서 하나님이 필요하다고

하나님께 말씀드리세요.

고난을 넘다

지은이 | 이기용
초판 발행 | 2022. 9. 28.
2쇄 발행 | 2022. 9. 29.
등록번호 | 제1988-000080호
등록된 곳 | 서울특별시 용산구 서빙고로65길 38
발행처 | 사단법인 두란노서원
영업부 | 2078-3352   FAX | 080-749-3705
출판부 | 2078-3331

책값은 뒤표지에 있습니다.
ISBN 978-89-531-4325-8 03230

독자의 의견을 기다립니다.
tpress@duranno.com   www.duranno.com

ⓒ 저자와의 협약 아래 인지는 생략되었습니다.
이 출판물은 저작권법에 의해 보호를 받는 저작물이므로 무단 전재와 무단 복제,
무단 사용을 할 수 없습니다. 이를 어길 시 법적 조치를 할 수 있음을 알려드립니다.

두란노서원은 바울 사도가 3차 전도여행 때 에베소에서 성령 받은 제자들을 따로 세워 하나님의 말씀으로 양육
하던 장소입니다. 사도행전 19장 8~20절의 정신에 따라 첫째 목회자를 돕는 사역과 평신도를 훈련시키는 사역,
둘째 세계선교(TIM)와 문서선교(단행본·잡지) 사역, 셋째 예수문화 및 경배와 찬양 사역, 그리고 가정·상담 사역 등을
감당하고 있습니다. 1980년 12월 22일에 창립된 두란노서원은 주님 오실 때까지 이 사역들을 계속할 것입니다.

고난을 넘다

쓴물 인생이 단물 인생으로

이기용 지음

두란노

○
목차

PART 1

믿음의 사람에게도
고난은 찾아온다 ─────────

PART 2

신앙은 위기와
고난의 때에 더욱 빛난다 ─────────

PART **3**

고난을 이기는 자가
만나는 축복 ────────────

『고난을 넘다』는 저자가 고난 중에 경험한 하나님의 은혜의 이야기다. 이 책은 고난 속에 담긴 하나님의 은혜와 지혜를 담은 보석이다. 고난을 성경적으로 해석하고, 고난에 잘 반응하도록 도와준다.

저자는 세 살 때 아버지를 잃는 고난을 만났다. 하지만 어릴 적 고난을 사명으로 만들어 청소년들을 성심껏 섬기고 있다. 이 책은 고난에 무너지지 않고 고난 속에서 더욱 빛나는 생을 살도록 도와준다. 고난을 선용함으로 모든 것이 합력하여 선을 이루시는 하나님을 바라보고 의지하도록 도와준다.

저자는 훌륭한 설교가다. 설교를 통해 성도들을 거룩한 삶으로 인도한다. 저자의 설교를 듣고 있으면 가슴이 뛴다. 이 책을 통해 저자의 음성을 듣게 되고, 하나님의 음성을 듣게 된다. 그래서 감동과 울림이 있다. 저자는 탁월한 리더다. 저자는 청소년들과 신학생 그리고 목회자들과 선교사들을 진심으로 섬긴다.

이 책을 고난 중에 있는 분들에게 추천하고 싶다. 고난의 깊은 의미를 깨닫기 원하는 분들에게 추천하고 싶다. 고난을 낭비하지 않고 진주로 만들기 원하는 분들에게 추천하고 싶다.

강준민 목사(LA 새생명비전교회 담임)

인생을 살다 보면 누구나 피할 수 없는 고난에 직면하게 된다. 하나님을 믿는 여부와 상관없이 우리는 모두 길고 어두운 터널과도 같은 깊은 고난을 마주한다. 성경에 기록된 인물들도 고난을 피할 수 없었고, 예수님조차도 "이 잔을 내게서 옮기시옵소서"라고 기도하셨다. 인과응보라는 말로도 설명할 수 없고 받아들이기 어려운 것이 바로 고난이다. 그러나 그 고난을 통해서 신앙의 진면목이 드러나게 되고, 믿음으로 고난을 이겨 낼 때 고난을 유익으로 바꾸시는 하나님을 경험하게 된다.

중요한 것은 고난의 한복판에서도 하나님의 손에 거하며 믿음으로 견뎌 내는 것이다. 마크 브로갑의 표현처럼 '짙은 구름 속에서 애통할 때 더 깊은 긍휼을 경험하게 되는' 고난의 신비로 더 깊이 들어가길 소망한다.

김병삼 목사(만나교회 담임)

하나님과 우리 인생의 흐름에 대한 가장 적절한 비유 중에 토기장이와 진흙이 있다(렘 18:6; 사 64:8). 이 책은 그중 인간이 살아가면서 가장 이해하기 힘든 주제인 고난에 초점을 맞추며 풀어간다. 많은 이들에게 익숙한 구약의 핵심 인물들의 이야기를 깊이 다루며 독자들로 하여금 거기서 하나님의 놀라운 계획과 섬세한 손길을 볼 수 있도록 만들면서 말이다. 그것도 순수한 관찰자의 입장을 뛰어넘어, 개인적 고난이라는 해석의 렌즈가 더해져 설득력을 더해 준다.

현대의 세계관은 고난을 설명하지 못한다. 아니 정확히 말하자면 고난을 이겨내는 데는 어떠한 도움이나 힘이 되지 못한다. 낭만주의의 인과응보적 해석인 고난의 이유를 단순히 죄에 대한 결과로 여기거나, 고난 자체를 불합리하며 불필요한 것으로 치부해 버리는 쾌락주의적 영향 아래 사는 것도 마찬가지다. 저자는 분명히 말한다. "성경적인 형통함이란 고난을 전혀 만나지 않는 것이 아니다"라고 말이다. 그런 단순한 시각에서 벗어나, 고난에 담겨 있는 심오한 하나님의 뜻과 계획을 볼 수 있어야 한다.

무엇보다 먼저 고난의 시간을 지나고 있는 이들에게 이 책을 권한다. 한순간의 지나가는 경험에 근거해 인생 전체를 평가해 버리지 말라고 말이다. 그러한 단순 논리에 사로잡혀 있기를 거부하고, 하나님이 함께하신다는 약속, 그로 인한 세밀하신 인도와 간섭, 그러기에 결국에는 모든 것이 합력하여 선을 이룰 것을 믿음으로 바라보게 만들도록 도울 것이다. 그리고 더 나아가 인간이기에 피할 수 없으며, 때로는 꼭 필요할 수 있는 고난에 대한 성경적 이해를 위해서 일독을 권한다. 결국 이 책의 끝부분에서 지적하듯 각자의 '인생사'(history)는 결과적으로 '하나님의 이야기'(His story)로 귀결되기 때문이다.

박성민 목사(국제 CCC 부총재)

이기용 목사님을 볼 때마다 왜 기분이 좋은지, 왜 자꾸 만나고 싶은지 이 책을 보며 이해가 되었다. 고난이 목사님을 빚었기 때문이다.

고난은 사람을 참 아름답게 만든다. 그래서인지 목사님은 마치 고난받는 삶이 엄청나게 수지맞는 삶이라도 되는 것처럼 고난의 이야기를 찬란하고 아름답게 풀어낸다. 그와 함께 고난의 터널로 들어가면 하나님의 은혜가 햇빛처럼 쏟아지는 광경을 보게 된다.

성경 속 인물들이 겪은 고난의 이야기가 목사님을 통해서 오늘 내 삶을 빚으시는 주님의 사랑 이야기처럼 들린다. 책을 읽으며 위로를 받을 뿐 아니라, 씩씩하고 긍정적인 이기용 목사님의 그 용기와 박력에 전염되어 박차고 일어나게 된다.

『고난을 넘다』는 깊이 있는 묵상과 따뜻한 마음으로 고난의 시대를 살아가는 성도들의 마음을 만져 위로해 주는 귀한 책이다.

이인호 목사(더사랑의교회 담임)

마르틴 루터는 "기도와 묵상과 고난을 통해 하나님의 사람으로 세워진다"고 말하였다. 고난은 누구도 피할 수 없는 인생의 일부이며, 또한 하나님의 축복의 통로다. 믿음은 고난을 피해 가도록 해 주는 것이 아니라, 고난을 통하여 성숙하고 변화하도록 이끈다.

이 책은 성경에 나오는 믿음의 사람들이 고난을 통해 어떻게 변화되었는지를 강해하며 성도들의 삶에 매우 실제적으로 적용하였다. 이 책을 읽는 독자들은 하나님이 고난을 통해 어떻게 하나님의 사람들을 세워 가며 하나님의 뜻을 이루시는지를 깊이 이해할 수 있다. 이 책을 통해 고난 속에 있는 많은 이들이 믿음으로 승리하게 되기를 기도하며 추천한다.

이재훈 목사(온누리교회 담임)

추천사

생각만 해도 기분이 좋아지는 사람은 대체로 존재로 말하는 사람이다. 그가 고난에 관해 말한다면 우리는 들을 준비를 하게 된다. 다시 만나고 싶은 사람은 귀와 손이 큰 사람이다. 그가 고통에 대해 말한다면 우린 벌써 위로받을 준비를 하게 된다. 함께 일하고 싶은 사람은 함께 있는 것만으로도 너끈해지는 사람이다. 그가 자신의 실존을 통과한 고된 세월을 말씀에 비추어 반추한다면 우린 고된 길이라도 그와 함께 걷고 싶어진다.

아부할 생각을 하기도 전에 가슴이 먼저 이렇게 말하게 하는 걸 느낀다. 사역으로 만났으나 '사람' 만난 기쁨을 알게 한 이기용 목사의 '고난' 설교는 읽는 내내 말하기 위한 말이 아닌, 말의 힘, 존재를 통과한 나눔의 힘을 맛보게 해 준다. 낯선 객지에서 고된 세월을 보낸 후 돌아온 집에서, 전 존재를 만족감으로 채우는 집밥을 만난 것 같은 평화를 선물해 주는 이 고마운 책을 진심으로 기뻐한다.

정갑신 목사(예수향남교회 담임)

고난과 은혜는 함께 어울리기 힘든 단어다. 고난은 저주요, 형통은 은혜가 되어야 하는데, 성경은 집요하게 고난과 은혜를 함께 등장시킨다. 고난 속에서 만난 은혜는 흑암 중에 캐낸 보화와 같아서 더욱 아름답게 빛이 난다. 성경 속의 위대한 인물들 중 고난을 피해 간 사람은 없다. 유진 피터슨의 말처럼, 다윗은 인생 가운데 단 한 번도 기적을 경험하지 못한 사람이다. 모든 고난을 몸소 겪었지만, 그의 삶에는 언제나 은혜가 따라다녔다.

이 책은 위대한 성경 속의 인물들이 겪었던 고난을 조명한다. 그리고 그 고난을 넉넉히 이길 수 있었던 은혜를 소개한다. 은혜는 고난보다 항상 더 컸다. 성경 속 인물들이 고난 속에서 만났던 은혜를 저자는 집요하게 추적하고, 그것을 독자의 삶에 적용해 낸다. 고난 가운데 길을 잃은 독자들에게 이 책은 다시 은혜를 회복시키는 놀라운 안내서가 될 것이다. 고난의 길을 묵묵히 걷고 있는 사람들에게 강력 추천한다.

최병락 목사(강남중앙침례교회 담임, 월드사역연구소장)

성경은 우리가 예수 그리스도와 더불어 상속자이기 때문에, "우리가 그와 함께 영광을 받기 위하여 고난도 함께 받아야 할 것"(롬 8:17)이라고 알려 준다. 십자가 없는 부활은 없다. 그러나 이 것이 그리스도인에게는 성숙과 상급을 위한 너무나도 중요한 진리임에도 불구하고 누구도 고난을 반가워하지 않는다.

이기용 목사님을 통하여 고난이라는 주제에 관한 책이 나오게 됨을 기쁘게 생각한다. 이기용 목사님은 믿음과 기도의 사람이다. 고난을 많이 겪었음에도 그 고난을 감사함으로 헤쳐 나가는 그분의 모습은 나에게도 큰 도전이 된다. 무엇보다도 이 책은 '고난'이라는 까다로운 주제에 대해 성경적으로 매우 지혜롭게 답하고 있다. 팬데믹이라는 어려움과 고통의 시간을 지나가는 모든 분에게 이 책을 강력하게 추천한다.

최성은 목사(지구촌교회 담임)

○
프롤로그

고통 가운데에서 다시 살리신 하나님의 말씀

나는 의사이셨던 아버지를 세 살 때 여의고 조부모님 밑에서 어린 시절을 보냈다. 유년기를 지나 자의식이 정립되는 청소년 시절에는 비슷한 또래와는 다른 환경에서 생활하고 있는 나 자신의 모습과 상황이 도무지 받아들여지지 않았다. 그래서 많이 방황하며 비생산적인 시간을 보내기도 했다.

그러나 도저히 풀리지 않을 것 같았던 인생의 수수께끼가 하나님이 주신 한 번의 메시지를 통해 풀렸다. 하나님이 주신 그 말씀은 살아갈 이유를 알지 못했던 내게 살아갈 이유와 존재 가치를 알게 해 주었으며, 깨달음을 넘어 나의 삶 전체에 실로 엄청난 변화를 가져왔다. 전혀 웃지 못했던 나를 참된 기쁨의 삶으로 인도했으며, 매사에 비뚤어진 시각을 갖고 있던 나를 보통 사람 이상으로 긍정적이면서도 역동적인 사람으로 변모시켰다. 또한 그 말씀으로 인해 자기 비하와 자기모순에 갇힌 인식의 늪에서 허우적대던 나는 하나님의 사랑과 인도하심 안에서 자존감이 매우 높은 사람으로 재창조되었다.

하나님의 말씀은 태초에 천지 만물을 창조한 것뿐만 아니라 지금도 여전히 모든 인생의 삶 속에서 새로운 창조의 역사를 일으키고 있다. 쓰레기 더미에서 장미꽃을 피우게 하고, 절대 절망을 절대 희망으로, 절대 불가능을 절대 가능으로, 무가치하다고 자타가 여기는 인생을 최고로 존귀한 인생으로 바꾸어 놓는다.

하나님의 소리는 잠자는 거인을 깨우며, 가장 불우하고 불쌍한 인생을 가장 존귀한 인생으로 변모시킨다. 도저히 견딜 수 없을 것 같은 고난의 상황에도 꺾이지 않는 불굴의 용기와 의지를 가지게 한다. 그리고 꿈을 붙들고 바라보며 달려가는 진취적인 사람으로 다시 태어나게 한다. 나를 고통 가운데에서 다시 살리신 하나님의 메시지가 이 책을 통해 많은 이의 삶에 동일한 기적으로 나타나길 기도한다.

사실 이 책은 내가 시무하는 교회 장로님들이 계속 설득하고 격려하고 강권하셔서 출판하게 되었는데, 이 책에는 고난에 관한 여러 가지 성경적 원리들이 제시되어 있다. 모든 메시지에는 내 삶을 바탕으로 한 체험적 확신이 흐르고 있다. 그래서 독자들이 어떤 고난에 처해 있더라도 이 성경적 원리들을 잘 적용하기만 하면 내가 경험한 회복과 치유를 동일하게 경험하게 되리라 확신한다.

이 책이 출판되기까지 수고하신 고마운 분들이 떠오른다. 탁월한 문학적 소양과 능력으로 부족한 글을 읽기 편하게 다듬어 주시고 교열에 참여해 주신 허완 장로님, 김치리 사모님, 김현미 권사님, 방주하 자매님은 열 일 제쳐 두고 기쁨과 열정으로 나를 도와주셨다. 참으로 매우 귀한 분들이시다.

또한 33년째 변함없이 함께하면서 연약하고 부족한 나를 끊임없이 격려하고 품어 준 아내 박미선 사모에게 무척 고맙다는 말을 전하고 싶다. 그녀는 못난 남편을 위해서라면 자기 목숨도 던질 사람이다. 그래서 나는 참 복이 많은 사람이라고 생각한다. 언제나 아빠 편이 되어 주고 있는 두 딸 신혜와 신영, 그리고 사위 박천종 목사와 심우현 목사, 언제나 나를 미소 짓게 하는 손녀, 손자 라엘, 이엘, 로하의 존재는 주 안에서 언제나 나의 삶과 사역에 에너지를 공급하고 있다. 그리고 매일 새벽과 저녁 기도로 중보해 주시는 장인, 장모님의 기도가 오늘의 나를 있게 했다. 나의 어린 시절, 엄마와 아빠 역할을 대신해 주신 고향의 삼촌과 숙모, 그리고 고모님께 깊은 고마움의 마음을 전한다.

빈말이나 립서비스로 하는 이야기가 아니라, 나는 세상에서 가장 행복한 목회자라고 확신한다. 그 까닭은 신길교회 가족들의 사랑과 섬김과 헌신이 있기 때문이다. 물론 항상 빚진 마음인 전임 목회지 서산교회 교우들의 사랑과 기도도 잊을 수 없다.

엄마, 아빠가 가장 필요했던 시기에 사랑으로 그 허전하던 공간을 채워 주셨던, 그러나 지금은 천국에 계신 조부모님께 이 책을 드린다.

그리고 모든 영광을 하나님께 올려 드린다.

"저에게 주님은 언제나 최선이셨고, 주님은 언제나 사랑이셨습니다. 저의 존재의 출발이자 목적이 되어 주신 주님, 감사합니다!"

2022년 9월
이기용 목사

PART
1

믿음의 사람에게도
고난은 찾아온다

1
순종했으나
풍랑을 만났다면

고난이 찾아오는 일반적인 원인

사람은 누구든지 크고 작은 고난을 만난다. 그리고 그 고난은 예고된 것이라기보다는 생각지 못했던 때와 상황에서 일어나는 경우가 대부분이다. 사람들은 고난을 만나게 되면 그 이유를 알고 싶어 한다. 그러나 고난의 원인을 아는 것은 그리 단순한 문제가 아니다. 일반적으로 고난의 원인을 몇 가지로 정리할 수 있다.

첫째, 자신의 잘못으로 겪게 되는 고난이 있다. 건강 관리를 잘하지 못해서 몸에 탈이 난다거나 부주의하게 행동해서 다치게 되는 고난이 있다.

둘째, 하나님이 고난을 통해 자녀들을 연단시키고, 이를 통해 성숙하고 좋은 방향으로 변화시키려는 의도에서 주어지는 고난도 있다.

"³ 다만 이뿐 아니라 우리가 환난 중에도 즐거워하나니 환난은 인내를, ⁴ 인내는 연단을, 연단은 소망을 이루는 줄 앎이로다"(롬 5:3-4).

이 연단의 과정에서 겪게 되는 고난을 통해 한 사람의 성품과 인격이 다듬어진다. 야곱도 고난을 통해 하나님을 만나 변화를 경험하게 되었다. 하나님은 야곱을 위협하는 형 에서를 통해 끊임없이 야곱을 부르셨다. 그리고 드디어 얍복강 나루에서 야곱은 하나님 앞에 항복하며 변화되었고, 그의 이름도 '야곱'에서 '이스라엘'로 바뀌게 되었다.

셋째, 악한 세력이 주는 고난도 있다. 마귀가 우는 사자같이 두루 다니며 삼킬 자를 찾는다는 말씀처럼 악한 세력이 고난을 주는 경우가 있는데, 이때 우리는 믿음을 굳건하게 하여 마귀를 대적해야 한다(벧전 5:8-9).

넷째, 하나님의 징계로 볼 수 있는 고난도 있다. 하나님은 사랑하시는 자를 징계하시고, 하나님이 받아들이시는 아들마다 채찍질하신다고 성경은 말한다(히 12:6).

나는 20대 초에 하나님이 세밀하게 만지신 경험이 있다. 그때 내가 조금만 엉뚱한 생각을 하거나 어긋난 길로 가려고 하면 심한 두통으로 그 자리에 있을 수 없었다. 지금 생각해 보면 그것이 바로 하나님의 은혜였다.

부모도 마찬가지로 자녀를 사랑하기 때문에 그 자녀에게 감당할 만큼의 징계를 주는 경우가 있다. 부모는 사랑하는 자녀를 방관하거나 방치하지 않는다.

다섯째, 스스로 선택한 고난도 있다. 사도 바울은 복음을 위해 결혼을 하지 않고 스스로 고난의 길을 선택했다.

이렇게 고난의 원인은 다양하지만, 그 고난의 원인이 정확히 무엇이라고 단정하기는 어렵다. 성경은 고난의 원인에 대해 언급하기보다는 그 원인이 어떠하든 간에 결국 믿음의 사람은 고난을 통해 유익을 경험하게 됨을 강조하고 있다.

"고난당한 것이 내게 유익이라 이로 말미암아 내가 주의 율례들을 배우게 되었나이다"(시 119:71).

순종하고 헌신하는데도 위기를 만난다면

예수님은 갈릴리 바닷가에서 하나님의 말씀과 하나님 나라의 비밀을 '땅에 떨어진 씨' 비유와 '겨자씨' 비유로 많은 사람에게 가르치셨다. 그날은 많은 사역과 활동을 하신 것으로 소개되고 있는데, 주님은 잠시 쉬거나 지체하지 않고 다음 사역을 곧장 이어 가셨다.

"그날 저물 때에 제자들에게 이르시되 우리가 저편으로 건너 가자 하시니"(막 4:35).

예수님은 온종일 갈릴리 바닷가에서 복음을 전하셨음에도 불구하고 저물녘에 제자들에게 갈릴리 바다 건너편으로 가자고 하셨다. 예수님이 이렇게 하신 데는 분명한 이유가 있었다.

시공간에 대한 사람의 시야는 매우 제한적이다. 이에 비해 예수님이 온종일 사역하신 후에 곧장 바다 건너편으로 가자고 하신 것을 통해 우리는 시간의 주인이신 주님이 시간을 얼마나 긴급하게 다루시는지를 알 수 있다. 바다 건너편에 구원해야 할 긴급한 영혼이 있기 때문이다. 바로 여기에서 영혼을 향한 예수님의 온전한 열정과 성실성 그리고 감당해야 할 사명에 대한 민감성을 엿볼 수 있다.

예수님은 그날 밤에 갈릴리 바다를 건너 거라사인의 지방에 이르렀고, 배에서 내리자마자 무덤 사이에서 나온 더러운 군대 귀신 들린 사람을 만나 그를 치유해 주셨다(막 5:1-20). 만일 풍랑을 만나지 않고 일찍 도착하셨다면 귀신 들린 사람은 예수님을 만나지 못했을 것이다. 예수님은 더러운 귀신 들린 한 영혼을 불쌍히 여겨 그를 구원하기 위하여 밤에 쉬지도 않고 풍랑을 헤쳐 가며 그곳까지 가셨다.

이처럼 예수님의 말씀에는 분명한 이유와 의미와 목적이 있다. 따라서 주의 말씀과 주께서 주시는 감동에는 즉각적인 순종이 필요함을 깨닫게 된다. 제자들은 아마도 그 밤에 바다를 건너야 하는 이유를 알지 못했을 것이다.

서울 시내에서 운전하다 보면 차가 많이 막히고 신호등도 많이 만나게 되는데, 어떤 운전자는 앞에서 세월아 네월아 하며 혼자 느긋하게 가는 모습을 볼 때가 있다. 약속 시각에 쫓길 때 그 차 뒤를 따라가다가 교차로에서 그 차만 지나가고 내 차만 신호에 걸려서 멈추게 되는 상황이라면 감사하기가 쉽지 않을 것이다.

하루는 차를 운전해 지방으로 집회를 하러 가는데, 고속도로에서 차로를 가로막는 차들이 있어서 빨리 빠져나가기가 어려웠다. 그런데 얼마 지나지 않아 불과 수십 미터 앞에서 차들이 크게 충돌하며 사고가 난 모습을 보았다. 내가 조금만 빨리 앞질러 갔으면 사고를 당할 수 있는 상황이었는데, 늦게 가서 피할 수 있었다. 우리의 삶에도 시간이 지체되는 일이 있을 것이다. 이때 절묘한 타이밍을 위해 하나님이 역사하신다고 생각하며 오히려 감사할 수 있어야 한다.

그날 밤에 제자들은 예수님의 말씀에 순종하여 쉴 새 없이 노를 저어 바다 건너편을 향해 갔다. 그런데 도중에 뜻하지 않게 큰 광풍을 만났다. 작은 배에 물이 가득하게 되어 (막 4:37) 제자들이 죽음에 대한 두려움과 공포감을 심각하게 느낄 수 있는 상황이었다. 제자들은 예수님이 지시하신 대로 순종하고 헌신했는데 큰 위기를 만나게 되자 그런 상황이 도저히 이해되지 않았을 것이다.

'큰 광풍'이란 회오리처럼 밀어닥치는 바람을 최대한 확대하여 표현한 말로서, 당시의 현장감과 긴박감이 어떠했는지를 실감하게 한다. 갈릴리 바다(호수)는 대체로 고요하고 음산한 기후를 이루고 있으며, 때때로 무서운 풍랑이 일어난다. 그곳은 지중해보다 수면이 200미터 정도 낮으며 산으로 둘러싸여 있기 때문인데, 헤르몬산에서 요단 계곡 쪽으로 흐르는 이상 기류가 깊은 웅덩이와 같은 갈릴리 바다로 급하게 내려와 회오리바람 같은 폭풍이 일어날 때가 있다. 이때 이 바람은 갈릴리 바다에 무서운 풍랑을 일으켜 배를 침몰시키기도 하기 때문에 광풍으로 묘사되곤 한다.

때때로 우리의 인생길에 갑자기 찾아오는 고난은 갈릴리 바다에 불어닥치는 광풍과도 흡사하다. 예고되지 않은 시간에 예상하지도 못한 고난의 광풍을 만나는 사람들이 많다. 열심히 주님의 말씀대로 살아 보려고 했는데, 어찌 된 일인지 광풍이 불어닥치기도 하는 것이다. 더구나 우리의 인생 항로에 예수님이 함께하고 계시는데도 말이다.

인생은 결코 단순하지 않다. 행복과 불행, 평탄과 험난의 삶을 간단한 잣대로 재단할 수 없다는 의미다. 풍랑 속에서 죽음의 공포와 싸우며 사투를 벌이는 그들은 잘못 살아가거나 실패한 인생이 아니다. 때때로 풍랑은 순종의 결과로 나타날 수도 있다. 따라서 자신의 인생이나 타인의 인생을 바라볼 때 환경이나 상황만 놓고 선과 악으로만 판단하는 우를 범해서는 안 된다.

누구나 갑작스러운 풍랑을 만날 수 있다. 그러나 모든 것이 자신의 잘못으로 주어진 풍랑은 아니라는 점을 주지할 수 있어야 한다. 그렇기에 타인을 바라볼 때도 이분법으로 판단하는 것은 성숙하지 못한 태도다.

고난 중에 믿음의 수준이 드러난다

제자들은 광풍으로 배에 물이 가득하게 되자 죽음의 공포를 느꼈다. 반면, 예수님은 같은 배를 타고 같은 상황에 처했음에도 주무시고 계셨다. 고난은 우리 믿음의 수준을 드러나게 한다. 아이들이 학교에서 시험을 보는 것처럼, 하나님은 고난을 통해 '믿음의 중간고사', '믿음의 기말고사'로 우리의 믿음을 점검하신다.

제자들의 믿음 수준이 풍랑 앞에서 바닥을 드러내게 되었다. 제자들은 풍랑 속에서 그들과 함께하시는 예수님이 어떤 분이신지를 올바로 알지 못했다. 예수님이 바람과 풍랑까지도 다스리시며, 모든 것이 그분의 통치 아래 있음을 온전히 알지 못했던 것이다.

제자들은 다급한 상황에서 예수님을 "선생님이여"(막 4:38)라고 부르는데, 그들과 함께하시는 예수님이 온 우주를 다스리시는 주(主)가 되심을 알지 못했다. 풍랑으로 인해 예수님을 작게 보았던 것이다. 그래서 그들은 예수님이 풍랑 속에서도 평화로이 주무시는 모습과는 전혀 다른 태도를 보였다.

갑자기 닥쳐오는 고난은 이처럼 우리의 신앙과 인격의 수준을 드러내게 한다.

내 삶에 어려움이 크게 보이면 하나님이 작게 보인다. 하나님은 변함없으신데 내 마음의 그릇 안에서 하나님을 작게 보기도 하고, 크게 보기도 한다. 우리는 어떤 상황에서도 창조의 하나님, 역사와 시간의 주인이신 하나님, 전능하신 하나님을 바로 보려고 힘써야 한다.

제자들은 광풍을 맞은 배에서 공포감을 느껴 예수님을 무례하게 깨웠다. 그들은 두 가지 오해를 하고 있었다. 첫째는 자신들이 죽게 되었다고 생각한 것이고, 둘째는 예수님이 자신들을 돌보지 않는다고 오해한 것이다. 인간의 생사화복은 주님의 손안에 있다. 지금 내 인생의 배에 물이 들어와도 예수님이 함께하시면 절대로 죽지 않는다.

나는 일반 대학을 졸업한 지 33년이 지났는데, 얼마 전에 동기들로부터 가슴 아픈 소식을 들었다. 대학교에 같이 입학했던 한 동기가 갑자기 목숨을 잃었다는 것이었다. 졸업하고 33년 동안 한 번도 만나지 못했지만 착한 친구로 기억하고 있었다. 나중에 듣기로는 그 친구가 사업을 하다가 어려운 상황이 되니까 극단적인 선택을 한 것 같다고 했다. 내가 한 번이라도 그 친구를 만나 예수님을 전했더라면, 그가 예수님과 함께했더라면 얼마나 좋았을까 하는 생각이 들었다.

"³⁹ 예수께서 깨어 바람을 꾸짖으시며 바다더러 이르시되 잠 잠하라 고요하라 하시니 바람이 그치고 아주 잔잔하여지더라 ⁴⁰ 이에 제자들에게 이르시되 어찌하여 이렇게 무서워하느냐 너희가 어찌 믿음이 없느냐 하시니 ⁴¹ 그들이 심히 두려워하 여 서로 말하되 그가 누구이기에 바람과 바다도 순종하는가 하였더라"(막 4:39-41).

광풍을 만난 배 위에서 제자들은 지금 죽게 되었다고 생 각했을 것이다. 그러나 주님과 함께하며 버티다 보면 생사를 주관하시는 주님이 결국은 회복시키시고, 우리가 재기할 수 있도록 해 주신다.

그런데 예수님은 어떤 상황에서는 침묵하신다. 그러나 침 묵 속에서도 우리를 돌보신다. 광풍을 만난 배 위에서 예수 님은 주무셨지만, 제자들의 생사를 주님이 다 주관하고 계 셨다.

문제투성이 삶에서도 평안하려면

　예수님은 풍랑 속에서도 하나님을 향한 전적인 신뢰와 하늘의 평화를 빼앗기지 않으시고, 자신이 누구인지에 대한 분명한 정체성을 소유하셨다. 이 땅의 풍랑 속에서 어떠한 모습으로 살아가야 하는지를 제자들과 우리에게 보여 주셨다. 예수님은 풍랑 중에도 하나님을 더욱 바라보고 신뢰하셨기에 평화롭게 주무실 수 있었던 것이다.

　예수님이 분명한 정체성을 가졌기에 풍랑 중에도 평안하셨던 것처럼, 우리도 풍랑을 만날 때 '나는 누구이다'라는 분명한 정체성을 소유해야 한다. 나는 하나님의 자녀이자 하나님의 백성이다. 하나님은 내 아버지이시다. 예수님은 나의 주가 되시고, 주님은 세상 끝 날까지 나와 함께하겠다고 약속하셨다.

　잠에서 깨신 예수님은 바람을 한 번 꾸짖으셨고, 이에 풍랑이 말씀에 순종하는 듯 잔잔한 상태가 되었다. 거기에 더해 주님은 "잠잠하라", "고요하라"와 같이 자연 현상을 인격적 대상으로 삼아 꾸짖고 타이르시면서 자연에 대한 창조주의 절대적 권위와 지배력을 보여 주셨다.

　인생 항로의 풍랑 중에 예수님이 함께하신다는 사실은 가장 큰 축복이다. 예수님은 항상 어디서나 우리와 함께하신다. 그렇기에 우리는 하나님의 평화를 누릴 수 있어야 한다. 입술의 고백으로써 주님의 신실하심과 그분의 능력을 시인할 수 있어야 한다. 어려움을 만나면 대개 부정적이고 비관적인 말을 쏟아놓는다. 그러나 성경은 이렇게 말한다.

"너희 말이 내 귀에 들린 대로 내가 너희에게 행하리니"(민 14:28).

불신을 담은 부정적인 말을 버리고 하나님을 신뢰하는 긍정의 언어를 선포하자. 우주보다 크신 주님은 언제 어디서나 우리와 함께하신다. 고난은 우리의 믿음을 재단하는 시험과 같다. 인생에 찾아올 수 있는 고난을 두려워하지 말자. 주님은 온 우주와 천지 만물과 모든 상황을 다스리신다. 그러하기에 풍랑도 능히 다스리신다. 인생에 풍랑처럼 찾아오는 고난을 크게 보지 말고, 풍랑을 다스리시는 예수님을 더 크게 보자.

예수님은 항상 어디서나
우리와 함께하신다.
그렇기에 우리는 하나님의
평화를 누릴 수 있다.

2
내 잘못이 아닌데
왜 고난당하나

고통의 이유를 알 수 없을 때

사람이 살아가면서 겪게 되는 고통은 그 자체로 힘들지만, 고통의 이유를 알 수 없거나 고통의 끝이 언제인지를 알수 없을 때 그 무게는 더욱 가중되곤 한다. 이스라엘 백성이애굽(이집트)에서 종살이를 하면서 겪은 고통은 어찌 보면 매우 당황스럽고 억울하게 시작되었다고 할 수 있다.

"⁶ 또 이르시되 나는 네 조상의 하나님이니 아브라함의 하나님, 이삭의 하나님, 야곱의 하나님이니라 모세가 하나님 뵈옵기를 두려워하여 얼굴을 가리매 7 여호와께서 이르시되 내가 애굽에 있는 내 백성의 고통을 분명히 보고 그들이 그들의 감독자로 말미암아 부르짖음을 듣고 그 근심을 알고 8 내가 내려가서 그들을 애굽인의 손에서 건져 내고 그들을 그 땅에서 인도하여 아름답고 광대한 땅, 젖과 꿀이 흐르는 땅 곧 가나안 족속, 헷 족속, 아모리 족속, 브리스 족속, 히위 족속, 여부스 족속의 지방에 데려가려 하노라 9 이제 가라 이스라엘 자손의 부르짖음이 내게 달하고 애굽 사람이 그들을 괴롭히는 학대도 내가 보았으니 10 이제 내가 너를 바로에게 보내어 너에게 내 백성 이스라엘 자손을 애굽에서 인도하여 내게 하리라 11 모세가 하나님께 아뢰되 내가 누구이기에 바로에게 가며 이스라엘 자손을 애굽에서 인도하여 내리이까 12 하나님이 이르시되 내가 반드시 너와 함께 있으리라 네가 그 백성을 애굽에서 인도하여 낸 후에 너희가 이 산에서 하나님을 섬기리니 이것이 내가 너를 보낸 증거니라"(출 3:6-12).

애굽으로 이주할 당시에 야곱과 요셉을 포함한 그의 아들들은 지금은 애굽에서 살고 있지만 언젠가는 고향으로 갈 것이라고 확신했다. 그래서 요셉은 죽음을 앞두고 형제들에게 애굽을 떠날 때는 반드시 자신의 유골을 고국으로 가져

고난을 넘다

가 달라고 부탁했다(창 50:24-25).

그러나 잠시 머무를 것으로 생각했던 이스라엘 민족은 약 430년이라는 오랜 세월을 애굽 땅에 머물렀다. 나중에는 요셉을 알지 못하는 애굽의 바로(파라오)가 출현하여 이스라엘 민족은 무지막지한 박해를 받으며 긴 고통의 시간을 보내게 되었다. 이스라엘 민족이 수적으로 크게 늘자 바로와 애굽 사람들은 위기의식을 느꼈고, 이스라엘 민족의 번성을 막기 위해 견디기 힘든 고통을 가한 것이다.

훗날 이스라엘 백성은 그들의 죄악 때문에 앗수르(아시리아)와 바벨론에 포로로 끌려가게 되었다. 하나님 앞에 바로 서지 못하고 죄악을 돌이키지 않은 결과였다. 하지만 애굽에서 종살이를 하게 된 것은 그들의 잘못 때문이 아니었다. 그래서 그들의 심리적 고통은 더욱 컸을 것이다.

그들이 애굽에 정착한 것은 흉년으로 인한 기근과 애굽의 총리가 된 요셉 때문이었다. 요셉도 노예 출신인 자신이 애굽의 총리가 될 수 있었던 것은 자기 민족을 구원하시려는 하나님의 섭리였음을 알았다. 그래서 요셉은 자신을 애굽의 상인들에게 노예로 팔았던 일 때문에 두려워하는 형들에게 생명을 구원하시려는 하나님의 섭리로 이루어진 일이라며 오히려 위로의 말을 건넸다(창 45:5).

요셉을 포함한 이스라엘 백성은 그들이 애굽에 정착한 것은 하나님이 자신들을 오랜 흉년으로부터 살아남게 하시기 위한 일시적인 일이라고 믿었다. 그런데 그들은 애굽의 왕과 백성들의 질투로 인해 요셉이 살아 있을 때는 생각지도 못한 극심한 고통을 오랫동안 겪어야만 했다.

이스라엘 백성이 애굽에서 겪는 고통의 시간은 언제 끝날지 예측할 수 없었다. 당시 애굽은 강대국이었던 반면, 이스라엘 백성은 고센 땅에서 가축을 키우며 유목 생활을 이어 갔다. 그래서 이스라엘 백성만의 힘으로 애굽의 압제에 맞서거나 그로부터 탈출하기는 요원한 상황이었다. 어쩌면 이스라엘 백성은 영원토록 애굽의 노예 생활로부터 해방될 수 없으리라 생각했을지도 모른다.

이처럼 노예 생활에서 해방되는 꿈을 이룰 수 없는 상황은 그들로 하여금 좌절을 넘어 절대 절망에 사로잡히게 했을 것이다. 만약 고통의 끝이 예정되어 있다면, 고통을 당하는 주체는 그 시간을 인내로 버텨 낼 수 있을 것이다. 하지만 끝을 모르는 고통의 시간은 개인이나 공동체의 생존력을 허물어뜨린다.

이스라엘 백성이 겪어야 했던 고통은 극심한 육체 노동에서 비롯되었다.

"감독들을 그들 위에 세우고 그들에게 무거운 짐을 지워 괴롭게 하여 그들에게 바로를 위하여 국고성 비돔과 라암셋을 건축하게 하니라"(출 1:11).

"어려운 노동으로 그들의 생활을 괴롭게 하니 곧 흙 이기기와 벽돌 굽기와 농사의 여러 가지 일이라 그 시키는 일이 모두 엄하였더라"(출 1:14).

모든 인간은 기본적으로 노동을 하며 산다. 하지만 당시 이스라엘 백성이 감당해야 했던 일들은 그들에게 익숙한 유목업이 아니었다. 자신이 하고 싶지 않은 일에 강제로 투입되어 극한의 노동을 감당하게 된다면 아무리 정신력이 강한 사람일지라도 견뎌 내기 힘들다. 더구나 그 노동을 언제까지 감당해야 하는지에 대한 기약도 없이, 학대까지 받으며 극심한 노동을 하는 상황에서는 절규와 탄식이 절로 터져 나올 수밖에 없다.

게다가 이스라엘 백성은 자녀를 낳을 때 딸은 살려 두되 아들은 살해하라는 애굽 왕의 명령을 따라야 하는 고통스런 상황에 놓여 있었다. 이스라엘 백성이 너무 번성해 큰 위협을 느낀 애굽 왕이 그들의 자손을 강제로 죽이는 잔혹한 방법으로 이스라엘 백성을 고통스럽게 하는 범죄를 저질렀던 것이다. 모든 집마다 아들이 태어나자마자 살해된다고 생각해 보라. 그 고통을 어떤 말로 표현할 수 있겠는가.

이러한 상황에서 모세의 어머니 요게벳은 모세를 3개월 동안 숨기다가 더는 숨길 수 없게 되자 갈대 상자에 넣어 나일강에 띄울 수밖에 없었다.

히브리인의 혈통이지만 애굽의 왕자 신분으로 살았던 모세는 동족인 이스라엘 백성이 당하는 고통스런 노동의 현장을 목격하게 되었으며(출 2:11), 고된 노동으로 탄식하며 부르짖는 이스라엘 백성의 소리는 결국 하나님께 상달되기에 이르렀다(출 2:23).

하나님이 다 아시고, 보시고, 들으셨다

요셉의 죽음 이후 요셉을 모르는 애굽 왕으로부터 시작된 이러한 고통은 모세가 태어나기 전까지 약 350년 동안 계속되었다. 35년간의 일제 압제 기간도 견디기 힘들었던 우리의 아픈 역사에 비추어, 그것의 열 배 길이의 세월 동안 겪었을 각종 고난을 상상해 보라. 이스라엘 백성의 삶은 너무나 처절하고 비통했을 것이다. 아마도 이스라엘 백성은 그 속에

고난을 넘다

서 이렇게 울부짖었을 것이다.

"하나님, 저희에게 왜 이러시는 거죠? 이 고통의 끝은 언제인가요? 하나님은 정말 살아 계신가요? 하나님은 정말 전능하신가요? 하나님은 정녕 우리와 함께하시나요? 하나님이 우리를 버리신 것은 아닌가요? 우리가 겪는 이 고통의 이유는 무엇인가요?"

하나님은 그들의 절규와 통곡에 침묵하시는 것 같지만, 성경은 하나님이 그들의 고통을 보시고, 그들의 부르짖음을 들으시고, 그 고통으로 인한 마음의 괴로움(근심)을 알고 계셨다고 기록하고 있다(출 3:7). 하나님은 애굽에서 고통을 겪고 있는 이스라엘 백성을 이미 보고 듣고 알고 계셨다. 하나님이 이미 알고 계신 고통이었다는 게 중요하다.

하나님은 자신이 택한 백성인 이스라엘의 고통을 당신의 고통처럼 느끼셨다. 이 땅에 오신 예수님도 우리가 겪는 모든 인생의 고통을 다 체휼(體恤)하셨기에 언제나 그 고통을 이해하고 도우신다(히 4:15-16).

하나님은 당신의 백성이 고통을 당하면, 그들과 함께 그 고통을 느끼신다. 하나님은 당신의 백성이 아파하면, 그 고통의 상황에 참여하여 똑같은 고통을 느끼신다. 하나님은 우리가 이 땅에서 겪는 고통의 무게와 아픔의 양을 고스란히 느끼고 함께 겪고 계신다. 그러므로 우리가 겪는 고통의 현장에는 결코 나 홀로 있는 것이 아니다.

나는 미국에서 유학하면서 〈치유〉 과목을 공부할 때 하나님의 은혜로 내 인생에서 가장 힘들고 마음 아팠던 때를 생각하며 기도하는 시간을 가질 수 있었다. 기도하면서 내 인생에서 너무 억울하고 고통스러웠던 그 순간에 주님은 어디에 계셨는지 여쭤 보았다. 그러자 기도 중에 하나님이 한 장면을 보여 주셨다. 그것은 내가 울고 있을 때 예수님이 내 곁에서 함께 울고 계시는 장면이었다.

무소부재(無所不在)하신 주님은 우리 삶의 현장에 언제나 함께하시는데, 나는 주님이 내 곁에 계시면서 같이 울어 주셨다는 사실을 모르고 살아왔다. 주님이 보여 주신 그 한 장면으로 인해 그 순간 커다란 내면의 치유를 경험할 수 있었다.

출애굽기 3장 7-9절에서 볼 수 있듯이, 하나님은 이스라엘 백성이 고통당하는 현장을 외면하고 계신 것이 아니라, 그 현장에 끊임없이 함께하고 계셨다. 이스라엘 백성은 말할 수 없이 고통스런 현장에서 비록 자신들이 홀로 버려진 것 같은 감정을 느꼈을지라도, 절대로 혼자가 아니었다. 하나님은 고통 가운데 있는 백성들과 함께 아파하시고, 함께 고통스러워하셨으며, 그들과 함께 울고 계셨던 것이다.

왜 하나님은 빨리 건져 내지 않으시나

그러면 왜 하나님은 이스라엘 백성을 애굽의 압제로부터 빨리 건져 내지 않으셨을까? 그것은 하나님이 믿음의 조상 아브라함에게 하신 약속의 말씀 때문이었다.

"13 여호와께서 아브람에게 이르시되 너는 반드시 알라 네 자손이 이방에서 객이 되어 그들을 섬기겠고 그들은 사백 년 동안 네 자손을 괴롭히리니 14 그들이 섬기는 나라를 내가 징벌할지며 그 후에 네 자손이 큰 재물을 이끌고 나오리라"
(창 15:13-14).

하나님은 이스라엘 백성이 애굽 땅에 들어가서 약 400년 만에 큰 재물을 가지고 나오게 될 것이라고 이미 말씀하셨고, 그들은 이 말씀을 이루는 과정 중에 있었다. 그리고 하나님은 아브라함에게 약속하신 말씀 그대로 이루셨다. 하나님은 이미 애굽에서 나올 때 이스라엘 백성을 괴롭힌 애굽을 징벌할 것도 예언하셨다(창 15:14).

하나님이 애굽에 내리셨던 열 번째 재앙으로 애굽의 모든 장자는 죽음을 맞게 되었고, 인방과 문설주에 어린 양의 피를 바른 이스라엘 민족은 죽음의 재앙을 피할 수 있게 되었다. 극심한 두려움에 사로잡힌 애굽 사람들은 이스라엘 백성에게 애굽에서 떠나기를 재촉했고, 이 과정에서 이스라엘 백성이 구하는 대로 은금 패물을 주었다. 큰 재물을 가지고 나올 것이라는 하나님의 말씀이 그대로 이루어진 순간이었다 (출 12:36).

하나님의 말씀은 일점일획도 변함없이 다 이루어진다. 우리의 죄를 짊어지시고 영원한 구원자가 되고자 이 땅에 초림(初臨)으로 오시고 승천하신 예수님도 성경에 기록된 약속대로 장차 심판의 주로 반드시 다시 오실 것이다. 우리가 볼때 하나님의 일하심이 더딘 것 같아도 하나님은 정확한 일정과 계획 속에서 일하신다.

솔직한 마음을 하나님께 드리라

모든 고통에는 이유가 있다. 우리의 시간이 아닌, 하나님의 시간이 되면 모든 고통이 끝날 것이다. 사람은 자신의 삶속에 찾아온 고통의 이유를 다 알 수 없다. 고통의 끝도, 고통이 해결되는 과정도 다 알 수 없다. 하지만 분명한 것은 고통의 상황에 있는 우리는 혼자가 아니라, 언제 어디서나 '하나님과 함께'(Togetherness with God)라는 것이다.

연약한 인간이 극심한 고통 속에서 할 수 있는 최선의 행동은 자신의 솔직한 감정을 하나님께 표현하면서 그 고통의 문제를 하나님께 가지고 나아가는 것이다. 하나님은 모든 문제의 해결자가 되시기 때문이다. 우리는 괴로울 때 주저하지 말고 우리의 감정을 하나님께 표현해야 한다. 하나님은 우리가 겪는 고통의 상황과 우리의 감정까지도 이미 다 알고 계시며, 함께 아파하고 계시기 때문이다.

하나님은 고통의 상황에 대해서 다중적 개념으로 역사하신다. 고통의 상황을 보고 듣고 아실 뿐만 아니라 그 상황을 해결하기 위한 준비도 함께 행하고 계신다. 그러나 하나님은 결코 서두르지 않으신다. 그분의 타이밍에 그분의 방법대로 일하신다.

하나님은 이스라엘 백성이 당하는 고통의 현장에 함께하셨을 뿐만 아니라, 동시에 이스라엘 민족을 구원할 영도자로 모세를 쓰시기 위하여 일을 시작하셨다. 나일강에 버려진 모세를 바로의 공주 눈에 띄게 하셔서 40년 동안 왕실 교육을 받게 하고, 다시 40년 동안 미디안에서 광야 교육도 받게 하는 등 고난으로 연단시키셨다. 하나님은 절대로 손해 보는 분이 아니시다. 하나님은 실수하지도 않으시며, 완벽한 타이밍 안에서 정확하게 일하신다.

누구나 살면서 말로 다 표현할 수 없는 많은 고통을 겪고 있을 것이다. 그러나 '고통의 신학자'로 알려진 C. S. 루이스(C. S. Lewis)가 그의 책 『고통의 문제』(홍성사, 2018)에서 "고통은 우리로 하여금 하나님을 만나는 통로가 되게 한다. 고통은 하나님의 변장된 축복이다"라고 말한 것처럼, 하나님은 결국 고난이 변하여 축복이 되게 하실 것이다.

당장은 우리에게 주어진 고통의 이유와 무게를 이해할 수 없지만, 솔직한 감정을 하나님께 아뢰고 모든 것을 맡겨 보라. 하나님이 이스라엘 백성의 삶 속에서 정확한 때에 역사하신 것처럼, 우리의 삶 속에서도 동일하게 역사하실 것이다. 우리의 기도를 들으시며 지금도 고통의 현장에 함께하시는 하나님을 찬양하면서 하나님께로 더욱 가까이 나아가자.

하나님은 우리가 이 땅에서 겪는
고통의 무게와 아픔의 양을
고스란히 느끼고 함께 겪고 계신다.
우리가 겪는 고통의 현장에는
결코 나 홀로 있는 것이 아니다.

3
깊은 침체의 늪에
빠졌을 때

믿음의 사람 다윗도 초조하고 불안했다

시편 42편 표제어는 "고라 자손의 마스길(묵상, 교훈)"이라
고 되어 있지만, 여러 정황상 다윗이 하나님의 감동으로 기
록하고 고라 자손들에게 성전 예배 시에 이 시를 사용하도
록 맡겨 두었을 것이라는 주장이 일반적이다.

"[1] 하나님이여 사슴이 시냇물을 찾기에 갈급함같이 내 영혼이
주를 찾기에 갈급하니이다 [2] 내 영혼이 하나님 곧 살아 계시는
하나님을 갈망하나니 내가 어느 때에 나아가서 하나님의 얼

굴을 뵈올까 3 사람들이 종일 내게 하는 말이 네 하나님이 어디 있느뇨 하오니 내 눈물이 주야로 내 음식이 되었도다 4 내가 전에 성일을 지키는 무리와 동행하여 기쁨과 감사의 소리를 내며 그들을 하나님의 집으로 인도하였더니 이제 이 일을 기억하고 내 마음이 상하는도다 5 내 영혼아 네가 어찌하여 낙심하며 어찌하여 내 속에서 불안해하는가 너는 하나님께 소망을 두라 그가 나타나 도우심으로 말미암아 내가 여전히 찬송하리로다"(시 42:1-5).

다윗이 이 시를 노래한 때는 너무나 어려운 상황이었을 것이다. 대부분의 학자들은 다윗이 사울왕에게 쫓겨 다닐 때 이 시를 지었을 것으로 추정한다. 당시 다윗은 생과 사의 문제를 확신할 수 없는 상황에 처해 있었다. 3천 명이 넘는 훈련된 군사들이 추격조가 되어 자신을 잡고자 포위망을 좁혀 오는 상황에서, 다윗은 마음 편히 잠 한 번 청하기 어려웠을 것이다. 혹시라도 잠을 잘 때 적들이 갑자기 쳐들어와서 자신의 목숨을 빼앗을 수도 있기 때문이다. 그래서 그는 너무나 불안한 자신의 감정을 솔직하게 표현했다.

다윗은 누구나 인정하는 신앙의 용감한 장수였다. 그러한 다윗이 '불안'과 '낙심'이라는 표현을 사용했다. 위대한 신앙을 가진 다윗도 하나님 앞에서는 연약한 인간임을 고백할 수밖에 없었던 것이다. 아, 다윗도 불안했구나! 다윗도 낙심될 때가 있었구나! 그의 고백은 연약한 우리 모두에게 큰 위로가 된다.

우리는 신앙생활을 하면서 자신도 모르게 자기를 정죄하거나 열등감에 빠져들곤 한다. 우리에게는 하나님을 믿는다면 불안하거나 초조해서는 안 되고, 근심과 걱정은 절대 하지 말아야 한다는 생각이 있는 것 같다. 이런 감정들은 믿음이 연약한 사람들의 몫이라고 치부하면서, 자신에게 이와 같은 감정들이 몰려올 때면 이를 억누르거나 애써 부인하려고 한다.

그러나 이 시에서 다윗은 자신의 감정에 매우 솔직하게 반응했다. 하나님과 자신 앞에 그 감정을 숨기지 않았다. 하나님 앞에서 다윗처럼 솔직하게 감정을 표현하는 것은 믿음의 끈을 붙들고 있는 건강하고 성숙한 태도라고 할 수 있다.

초조하고 불안할 때, 깊은 침체의 늪에 빠졌을 때는 어떻게 극복하는 것이 성경적일까?

솔직히 표현하라

첫째, 솔직한 감정을 하나님과 자신 앞에 표현하라.

다윗은 "내 눈물이 주야로 내 음식이 되었도다"(시 42:3)라고 표현했다. 그리고 이어지는 절에서는 사람들의 배반과 몰이해로 인한 마음의 상처, 자신의 불안한 감정과 낙심하는 마음을 적나라하게 나타냈다.

성경에는 이와 같이 자신의 감정을 솔직하게 표현한 인물이 또 있는데, 바로 구약 최고의 선지자 엘리야다. 그는 바알과 아세라 선지자 850명을 상대로 대결하면서도 요동하지 않고 승리를 거둔 위대한 하나님의 사람이었다. 그런 엘리야도 이세벨의 계속되는 압박을 피해 광야 길로 도망하였는데, 몰려오는 괴로움과 불안으로 인해 로뎀나무 그늘 아래에서 하나님께 자기의 목숨을 거두어 달라고 기도했다.

"자기 자신은 광야로 들어가 하룻길쯤 가서 한 로뎀나무 아래에 앉아서 자기가 죽기를 원하여 이르되 여호와여 넉넉하오니 지금 내 생명을 거두시옵소서 나는 내 조상들보다 낫지 못하니이다 하고"(왕상 19:4).

고난을 넘다

엘리야가 이와 같은 모습을 보인 것은 그가 믿음이 없기 때문이 아니었다. 그의 솔직한 모습은 오히려 문제를 해결하고 회복하는 최고의 지름길이었다. 그러므로 우리는 어렵고 힘든 상황을 만날수록 움츠러들지 말고 자신의 감정을 하나님과 자신 앞에 솔직하게 표현하고 고백해야 한다. 이것이 가장 지혜로운 모습이다.

하나님은 우리의 감정을 존중하신다. 힘들 때는 힘들다고, 어려울 때는 어렵다고, 외로울 때는 외롭다고 고백하는 모습을 존중하시는 것이다. 하나님 앞에서의 이러한 고백은 그 사람이 믿음의 끈을 붙들었기 때문에, 또 삶의 의지와 생명력을 붙들고 있기 때문에 가능하다. "하나님, 저 상처 받았어요", "하나님, 제 마음이 너무 불안해요", "하나님, 저 실망을 넘어 낙심이 돼요" 등의 고백이 바로 믿음의 사람 다윗의 것이었다는 점은 우리에게 시사하는 바가 크다.

여호와의 이름으로 사자를 때려잡고 물매와 돌로 골리앗을 물리쳤던 다윗은 이와는 전혀 어울리지 않는 솔직한 모습으로 자신의 연약한 감정을 하나님과 자신 앞에 표현했다. 이것은 불신앙의 모습이 아니라, 오히려 하나님을 너무나 신뢰하기에 자신의 깊은 감정까지 드러낸 믿음의 반응이었다.

누군가에게 자신의 감정을 드러내지 못하고 억누르고 있

으면, 자기 삶의 전인적인 영역에 부정적인 영향을 끼칠 수 있다. 그렇다고 사람들 앞에 자기 감정을 모두 쏟아 놓았다가 상대방이 성숙하지 못한 경우에는 오히려 상처를 입게 될 수도 있다. 그러나 하나님 앞에서는 안전하다. 하나님은 나의 모든 감정을 다 품고 이해하고 지지해 주는 최고의 친구가 되신다.

하나님 앞에 솔직한 마음을 표현해 보라. 기적을 경험하게 될 것이다. "하나님, 제가 짊어진 책임의 무게가 너무 무거워요", "저 힘들어요", "자존심이 많이 상해요" 등 우리의 아프고 연약한 마음을 하나님께 솔직하게 가지고 나아가면 하나님이 주시는 깊은 위로를 얻게 될 것이다.

사람이 아니라 하나님을 바라라

둘째, 고난의 상황 중에 있을 때 사람은 큰 도움이 되지 못함을 인식하라.

다윗은 어렵고 힘든 상황 속에서 과거에 자신과 함께 성전에 올라가 예배하고 은혜를 나누었던 사람들이 오히려 자신에게 더 큰 상처의 말을 하는 경험을 했다. 그리고 이것이 너무나 힘들어서 눈물이 주야로 음식이 되었다고 고백했다(시 42:3).

사람은 결코 우리의 궁극적인 힘과 능력과 피난처가 될
수 없다. 다윗이 잘나갈 때는 모두가 다윗의 친구인 듯했다.
그러나 다윗이 사울왕에게 쫓길 때는 달랐다. 어찌 보면 동
아줄이 끊어진 것과 같은 처지인 다윗과 함께하면서 그의
고통의 무게를 나누어 짊어지려는 사람은 없었을 것이다. 문
제를 해결해 주지 못할지라도 단지 자기를 이해만 해 주었
어도 다윗은 큰 힘이 났을 것이다. 그러나 당시 다윗 주변
에 있던 사람들은 위로는커녕 "네 하나님이 어디 있느뇨"(시
42:3) 하면서 오히려 그를 종일 정죄하거나 비아냥거렸다.

고난은 참된 친구를 걸러 내거나 깊이 만나게 하는 기회
가 될 수 있다. 진정한 친구는 내가 어려울 때 곁에서 변함없
이 나를 지지해 줄 수 있는 사람이다. 그러나 슬프게도 이러
한 사람은 거의 없다. 사람은 죄성을 안고 살아가기 때문에
자신을 희생하면서까지 상대방을 위하는 사람은 정말 많지
않다. 지혜로운 사람은 이 사실을 알고 인생을 사는 사람이
다. 시편 42편에서 다윗도 믿었던 이들의 냉대와 몰이해와
비아냥거리는 말에 큰 상처를 받고는 밤낮 울었다고 고백하
지 않는가.

가장 가깝기에 오히려 더 쉽게 상처를 주고받는 관계가

있는데, 바로 부부 사이다. 부부간에 감정을 쌓아 놓았다가 노년에 이르러 폭발해 황혼이혼이 증가하고 있다. 이는 사회적으로 큰 문제가 되고 있다. 우리는 행여 배우자에게 상처받는 일이 있더라도 즉시 하나님 앞에서 풀어야 한다.

개인적으로 나는 다윗이 상처받아 우는 모습에 얼마나 많은 위로를 받았는지 모른다. 믿음의 용장 다윗도 울었다는 사실은 다윗의 약함을 의미하지 않는다. 오히려 이런 모습이 있는 까닭에 하나님이 다윗을 귀히 쓰셨을 것이다.

하나님을 더욱 찾으라

셋째, 자신과 타인의 연약함을 깨달았다면 이를 하나님을 더욱 찾는 계기로 삼으라.

다윗은 주변 사람들이 외면하고 말로 상처를 주는 상황을 오히려 하나님을 찾는 계기로 삼았다. 그에게는 오로지 하나님밖에 없었기 때문에 광야에서 사슴이 생존을 위해 시냇물을 찾는 심정으로 하나님을 찾는 일에 진력했다(시 42:1-2).

사슴은 열이 많은 다혈질 짐승인지라 물이 부족한 팔레스타인의 건기 때가 되면 더욱 심한 갈증을 느낀다. 그러다 물을 발견할 수 없을 때는 슬픈 소리를 낸다고 한다. 다른 짐승과 달리 사슴은 시냇물을 발견하지 않고서는 광야에서 생존할 수가 없다. 더구나 맹수에게 쫓기는 상황에서는 더더욱 살기 위해 필사적으로 시냇물을 발견해야 한다. 다윗은 자신을 광야 한복판에서 생존을 위해 숨을 헐떡이며 외로이 시냇물을 찾고 있는 사슴에 비유했다.

사슴과 같은 다윗의 모습이 너무 은혜가 된다. 살아 보려고 몸부림치는 사슴이나 다윗의 모습을 상상해 보라. 삶은 이렇듯 끈기와 인내로 살아가는 것이다.

시편 42편 1절의 "시냇물"은 물이 철철 흘러넘치는 개울물이 아니라, 광야 깊은 계곡의 바닥에 흐를 듯 말 듯한 계곡물을 가리킨다. '갈급함'을 뜻하는 히브리어 '아라그'는 '소리 높여 울다'라는 의미다. 이처럼 다윗은 어렵고 힘들 때 슬픈 소리를 내며 물을 찾는 갈급한 사슴처럼 소리 높여 울면서 하나님의 도우심을 절박하게 구했음을 알 수 있다.

하나님은 절박한 인생에 궁극적인 도움이 되어 주신다. 광야에서 물은 깊은 계곡의 바닥에 있기 때문에 쉽게 발견되지는 않지만, 계곡 어딘가에는 반드시 존재한다. 깊은 계곡을 더듬어 흐르는 물을 발견하게 되는 것처럼, 우리가 하나님을 깊이 찾고 찾을 때 결국 우리는 그분을 만나게 될 것이다. 다윗이 "내 잔이 넘치나이다"(시 23:5)라고 고백한 것처럼, 주님을 만난 인생은 동일하게 생명수가 흘러넘치는 은총을 경험하게 된다.

다윗은 어렵고 힘든 중에도 성소를 그리워하며, 그곳에서 하나님의 얼굴을 뵈옵기를 갈망했다. 다윗은 자신의 하나님을 '살아 계신 하나님'으로 고백했다(시 42:2). 우리 역시 다윗처럼 성전을 사랑하고, 할 수만 있다면 성전에 올라가 하나님을 찾고 의지하면서 예배하고 기도하는 생활을 해야 한다.

나 자신을 격려하라

넷째, 어려울 때일수록 자기 자신에게 용기를 주고 격려하라.

사람은 격려와 이해가 필요한 존재다. 그런데 자신보다 자기를 잘 아는 사람은 없다.

"내 영혼아 네가 어찌하여 낙심하며 어찌하여 내 속에서 불안해하는가 너는 하나님께 소망을 두라 그가 나타나 도우심으로 말미암아 내가 여전히 찬송하리로다"(시 42:5).

이 말씀에서 볼 수 있듯이, 다윗은 지금 가장 어려운 상황 속에서도 자신을 위로하며 격려하고 있다. 자기 연민에 빠져 있는 것이 아니라, 자기 자신에 대한 격려와 이해를 통해 생산적으로 자신을 하나님께로 이끌고 있는 것이다.

현대 사회는 다른 사람의 소리에 귀 기울일 여력이 없기 때문에 더욱 자신과의 대화가 필요하다. 우리는 자기 자신의 소리에 귀를 기울이고, 자기를 격려하고 이해함으로써 힘을 내야 한다. 그래서 궁극적으로는 하나님께 나아가는 계기로 삼아야 한다.

우리는 혼자가 아니다. 하나님이 언제나 변함없이 우리와 함께하신다. 하나님께 마음을 열고 감정을 솔직하게 고백하라. 아프면 아프다고, 힘들면 힘들다고, 외로우면 외롭다고, 어려우면 어렵다고 말씀드려라. 그래서 하나님이 필요하다고 솔직하게 인정하라. 사람은 우리가 의지할 대상도 아니요, 피난처도 아니다. "저를 도우실 분은 오직 하나님밖에 없습니다. 저를 붙들어 주세요"라고 기도하라. 이처럼 하나님만이 우리의 궁극적인 도움이 되심을 고백할 때 하나님은 역사하신다.

4
쓴물 인생이
단물 인생으로

쓴물을 만나거든

하나님은 약 400년 동안이나 애굽에서 종살이하던 이스라엘 백성을 바로의 압제로부터 건져 내어 약속의 땅 가나안으로 인도하기 위해 모세를 영도자로 세우셨다. 그분은 수많은 기적을 통해 이스라엘 백성을 애굽 땅에서 이끌어 내셨다. 하나님은 홍해를 가르셔서 극적으로 이스라엘 백성을 애굽 군대의 추격으로부터 보호하시고, 그들을 쫓던 모든 바로의 군대를 홍해에 수장시키셨다. 그래서 이스라엘 백성은 전능하신 하나님의 손길을 생생하게 체험하게 되는데, 자상하고 전능하신 하나님의 손길은 이뿐만이 아니었다.

광야의 삶은 하나님의 전적인 도우심이 있어야만 가능하다. 광야는 매일매일 하나님이 공급하시는 만나로만 살 수 있는 곳이다. 광야의 더위와 추위는 하나님이 제공해 주시는 구름 기둥과 불 기둥으로만 견뎌 낼 수 있다. 광야 길은 뚜렷하게 나 있지 않아 어느 곳으로 가야 할지를 선택하기가 너무 어렵다. 우리의 인생길도 광야의 여정과 같다. 우리도 하나님의 도우심이 없이는 갈 바를 알지 못하고 헤매 돌기만 하는 인생이 되기 쉽다.

" [22] 모세가 홍해에서 이스라엘을 인도하매 그들이 나와서 수르 광야로 들어가서 거기서 사흘 길을 걸었으나 물을 얻지 못하고 [23] 마라에 이르렀더니 그곳 물이 써서 마시지 못하겠으므로 그 이름을 마라라 하였더라 [24] 백성이 모세에게 원망하여 이르되 우리가 무엇을 마실까 하매 [25] 모세가 여호와께 부르짖었더니 여호와께서 그에게 한 나무를 가리키시니 그가 물에 던지니 물이 달게 되었더라 거기서 여호와께서 그들을 위하여 법도와 율례를 정하시고 그들을 시험하실새"(출 15:22-25).

이스라엘 백성은 하나님이 약속하신 땅, 즉 '젖과 꿀이 흐

고난을 넘다

르는' 가나안 땅에 빨리 들어가기를 기대했다. 하나님의 인도하심에 순종함으로 땀을 흘리면서 사흘 길을 걸었으나 이스라엘 백성을 기다리고 있는 것은 수르 광야였다. 하나님이 오히려 더 험난하고 어렵고 힘든 길로 인도하신 것이다. 그들은 '마라'(Marah)라는 땅에 이르러 물을 발견하게 되는데, 물 맛이 써서 전혀 마실 수 없었다.

마라는 이스라엘 백성이 건넌 홍해의 남동쪽 약 75km, 수에즈만의 동쪽 약 11km 지점에 위치한 곳으로, 마라의 뜻은 '쓰다', '괴롭다'이다. 당시 이곳의 물이 악취가 나고 짜서 마실 수 없기에 생긴 이름이었다. 아랍 사람들이 "이 물은 이 근방의 모든 지역에서 가장 나쁜 물이다"라고 말했을 정도다. 이스라엘 백성에게는 물이 절실했지만, 오히려 절망을 안겨 주는 쓴물을 만나게 된 것이다. 그들이 잘못해서 만나게 된 고난이 아니다. 마라의 쓴물은 하나님의 시험(test)이었다.

하나님의 인도를 받는 삶, 하나님이 함께하시는 삶일지라도 물, 강, 불과 같은 삶의 고난을 만날 수 있다. 아담과 하와의 불순종 이후 어느 인생에게든지 가시덤불과 엉겅퀴 같은 삶이 찾아오게 되는 것이다.

우리의 삶도 마찬가지다. 아이를 키우는 일도, 세상에 나가 경제생활을 하는 것도 힘들다. 다양한 사람을 상대해야 하는 사업가도, 새벽부터 밤까지 공부하는 학생도 고단하기는 마찬가지다. 하나님이 행복하게 만들어 주시는 목회 현장마저도 힘들 때가 많다. 물, 강, 불과 같은 고난을 시시때때로 만나는 것이 우리 인생이기 때문이다. 광야에서 이스라엘 백성이 마라의 쓴물을 만났듯, 우리의 인생에도 그러한 순간들이 수없이 많다.

쓴물은 연단과 훈련이다

그렇다면 광야에서 만난 '마라'와도 같은 순간들을 우리는 어떻게 이해해야 할까?

여기서 우리가 기억해야 할 점은, 마라의 쓴물을 만난 그 현장에도 하나님이 함께하신다는 것이다. 성경적인 형통함이란, 고난을 전혀 만나지 않는 삶이 아니다. 오히려 어떤 환난과 시험, 고난을 만나도 하나님의 도우심으로 이겨 내는 삶을 의미한다. 하나님은 믿음의 사람에게 이 모든 일을 감당할 힘을 주겠다고 약속하셨다.

하나님은 이스라엘 백성이 홍해를 건넌 후 정상적인 지름길을 놔두고 수르 광야로 들어가게 하셨다. 이사야 55장 말씀과 같이, 하나님의 생각은 사람의 생각과는 다르다.

"⁸ 이는 내 생각이 너희의 생각과 다르며 내 길은 너희의 길과 다름이니라 여호와의 말씀이니라 ⁹ 이는 하늘이 땅보다 높음 같이 내 길은 너희의 길보다 높으며 내 생각은 너희의 생각보다 높음이니라"(사 55:8-9).

하나님이 왜 이스라엘 백성에게 이처럼 험난한 여정을 허락하셨을까? 이는 하나님의 백성이 약속의 땅 가나안을 감당할 수 있는지 테스트하는 시간임을 기억해야 한다. 이스라엘 백성이 가나안을 감당하기 위해서는 연단과 훈련이 필요했기에, 하나님은 수르 광야라는 더 거칠고 어렵고 험난하며 시간이 걸리는 길로 인도하신 것이다. 하나님의 방법을 통해 이스라엘은 정제와 여과의 과정을 거쳤다.

대부분의 사람들은 광야에서도 그들을 이끌고 계시는 하나님의 손길을 못 볼 때가 많다. 나에게도 광야에서 마라의 쓴물을 만난 것과 같은 시간이 있었다. 신학대학원 재학 당시 나는 방 한 칸 구할 돈도 없었고, 비쩍 마른 외모에 학업의 여정도 한참이나 남았던, 그야말로 아무것도 내세울 것이 없는 사람이었다. 그 광야 같은 시간 가운데 하나님은 언제나 신실하게 인도해 주셨는데, 특별히 아내를 만날 수 있도록 이끌어 주셨다.

나는 아내를 잘 만났다고 곧잘 이야기한다. 물론 아내도 나를 잘 만났다. 스무 살에 성령을 강하게 체험했던 나는 여러 사람을 만나지 않고 하나님이 예비하신 사람을 한 번에 만나게 해 달라고 기도했다.

그런데 어느 날 신학교 기숙사에 둘째 딸을 면회하러 오셨던 장모님이 섭리 가운데 나를 만나시게 됐다. 사실 장모님은 둘째 딸과 사귀고 있던 지금의 내 동서와 함께 기숙사 방에서 맛있는 음식을 나누고 계셨는데, 친하게 지내던 동서의 방을 우연히 찾은 나를 보시게 된 것이다. 미안하다며 급히 나가려던 나에게도 맛있는 음식을 주셔서 먹었는데, 잘 먹는 나의 모습을 보고는 마음에 드셨던 모양이다. 집으로 얼마쯤 가다가 발길을 돌려 다시 기숙사로 오셔서, 중학교 교사로 있는 큰딸을 한번 만나 보겠냐고 이야기하곤 당신의 맏딸에게 "괜찮은 사람이 있다"며 소개해 주셨다.

사실 내가 아내를 소개받기 전, 아내에게 선을 보라는 권유가 들어왔다고 한다. 대전에서 손꼽히는 갑부의 아들로 학벌도 좋고, 외모도 출중하며, 목회자의 길을 준비하던 분이었다. 그 집안에서는 며느리의 유학까지 보장하는 좋은 조건을 내세웠는데, 아내가 한두 번 만나 봐도 마음이 편치 않아서 거절했다.

그럼에도 상대는 물러나지 않았고 때때로 과일바구니와 꽃을 사서 찾아왔다. 아내가 40일 작정기도를 하고 거절해도 물러나지 않자 또다시 40일 작정기도를 하고, 또 한 번 더 한 후에 편지로 매몰차게 거절했고, 그제야 그는 단념했다. 그런 일이 있고 두어 달 있다가 내가 아내 앞에 나타났다. 주변의 많은 사람이 세상 물정 모르고 좋은 자리를 걷어찼다며 아내를 비난할 때 나를 만나게 된 것이다.

아내를 처음 만난 날, 레스토랑에서 보자마자 나는 아내가 마음에 쏙 들었다. 그래서 머뭇거리는 대신 돈가스를 시켜 놓고 "기도합시다"라고 했고, "우리의 만남은 우연이 아닙니다! 하나님의 섭리로 만나게 하심을 감사합니다!"라며 박력 넘치게 기도했다. 이후 세 시간 동안 말 한마디 안 시키고 나의 꿈과 비전을 말했다. 10년 안에 선교차 세계 일주를 시켜 주겠다고 호언장담했다.

그렇게 나와 아내는 결혼했다. 물론 아직까지도 세계 일주를 완주하지는 못했지만, 그래도 좋은 나라들을 많이 다닌 것은 사실이다. 그리고 비전은 현재진행형이지 않은가! 모든 것이 하나님의 은혜다. 광야와도 같은 삶, 아무것도 내세울 것이 없지만 하나님 한 분만 바라보고 살아야 한다.

쓴물의 숨겨진 의미를 알아야 한다

우리는 광야를 만나도 자기 생각으로 판단하면 안 된다. 하나님은 영원부터 영원까지를 바라보면서 가장 좋은 길로 우리의 앞길을 인도하신다는 사실을 기억해야 한다. 하지만 하나님이 이끄신 마라에서 이스라엘 백성은 마실 수도 없는 쓴물로 인해 원망을 쏟아 냈다.

"백성이 모세에게 원망하여 이르되 우리가 무엇을 마실까 하매"(출 15:24).

마라의 쓴물과 같은 하나님의 시험 기간에 불평과 원망을 쏟아 내는 삶의 태도는 가나안을 향한 광야의 여정을 더 디게만 한다. 불평과 원망과 같은 쓴 뿌리를 지닌 삶의 태도는 지름길이 아니라 둘러 가는 길을 가게 만든다. 건강을 위해 둘레길을 걷는 일은 좋지만, 불평과 원망 때문에 인생길을 둘러 가는 것은 미련하다.

마라에서와 같은 어려움을 만나 봐야 그 사람의 수준이 드러나고, 자신이라는 그릇의 크기와 품질이 평가된다. 마라는 자신의 깊이와 넓이와 높이를 측정하는 자(척도)와 같다.

사람은 마라의 쓴물을 만나 봐야 진정한 자기 정체성이 드러나게 된다. 인생에서 마라의 쓴물 같은 어려움을 겪어 봐야 믿음이 검증되고 자신의 한계를 발견하면서 하나님 앞으로 나아오게 되는 것이다.

사람이 영원토록 마라의 쓴물 같은 인생을 사는 것은 아니다. 마라에서의 어려움은 한시적이다. 마라는 "이 또한 지나가리라" 하면서 그냥 지나가면 된다. 마치 모기에 물린 것처럼 말이다.

제주도에서 집회 인도를 요청받고 호텔에서 묵게 되었을 때의 일이다. 한참을 자다가 느낌이 이상해서 불을 켰더니 천장에 엄청난 수의 모기가 새카맣게 붙어 있었다. 알고 보니 청소를 해 주시는 분이 낮에 창문의 방충망을 올려놓고는 내리지 않고 가 버린 것이었다. 어떤 모기는 내 피를 얼마나 빨았는지 잘 날지도 못했다. 결국 그 많은 모기를 다 잡고 나서야 편히 잘 수 있었다.

내가 모기에게 많이 물렸다고 해서 인생에 영향을 받았을까? 모기에게 한 번 물리는 것은 지극히 미미한 일일 뿐이다. 이처럼 인생의 어려움을 만나도 모기에게 한 번 물렸다고 생각하고 나면 다 이겨 낼 수 있다. 게다가 하나님은 어떤 마라의 쓴물을 만나도 감당할 수 있는 힘과 능력을 주신다.

하지만 쓴물 인생은 자신에게 크나큰 쓰라림의 고통을, 다른 사람들에게는 깊은 좌절을 안겨 줄 수도 있다. 어떤 사람은 다른 사람들에게 깊은 상처와 고통과 부정적인 영향을 주는 삶을 살곤 한다. 우리는 모두 쓴물의 의미를 깨달아야 자신과 타인에게 상처와 고통을 주지 않게 되는 것이다.

모든 사람이 인생길에서 쓴물을 만나게 된다. 특정한 사람만 만나는 것이 아니다. 하나님이 창세기 3장 18절에서 말씀하셨듯이, 모든 사람은 예외 없이 자신의 인생길에서 가시덤불과 엉겅퀴를 만나게 된다. 나만 만나거나 경험하고 있는 가시덤불과 엉겅퀴가 아닌, 모든 인생이 겪는 가시덤불과 엉겅퀴와 같은 마라의 쓴물인 것이다.

대부분의 사람들은 마라의 쓴물 같은 상황을 만나면 깊은 좌절감을 넘어 스스로 열등감에 빠지기도 하고, 현실을 향한 불평과 원망의 소리를 쏟아 내기도 한다. 마라의 쓴물이 가지는 의미를 깊이 깨닫지 못하기 때문이다. 최선을 다했는데 결과나 열매가 부정적일 때 그 상황은 마라의 쓴물이지만, 그 상황을 향한 하나님의 오묘한 섭리와 깊은 의미가 있음을 기억하라. 하나님의 섭리가 없는 우연의 상황은 결코 있을 수 없다.

쓴물 인생을 단물 인생으로

그렇다면 우리는 어떻게 하나님의 섭리를 깨달으며 쓴물 인생에서 단물 인생으로 나아갈 수 있을까?

첫째, 쓴물을 극복하기 위해 우리는 의도적으로 감사를 표현하기에 힘써야 한다. 내 감정이 감사하고 싶지 않아도 "범사에 감사하라"(살전 5:18)는 말씀을 따라 의지적으로 감사해야 한다. "그렇게 하지 아니하실지라도"(단 3:18) 하나님을 신뢰하고 감사할 수 있어야 성숙한 신앙인이다.

둘째, 집중하여 기도하는 시간을 가져야 한다. 모세는 사람과 다투는 일에 에너지를 소모하지 않는 지혜로운 사람이었다. 지혜로운 사람은 자신을 향한 비난과 원망의 소리에 머물러 있지 않는다. 너무 황당하고 억울한 자신의 상황을 오히려 하나님을 더욱 찾는 기회로 삼는다.

마지막으로, 하나님의 말씀을 듣는 일에 귀를 기울여 보자. 그리고 그 말씀에 순종해 보자. 하나님의 말씀 속에 모든 문제의 해답이 있다.

"모세가 여호와께 부르짖었더니 여호와께서 그에게 한 나무를 가리키시니 그가 물에 던지니 물이 달게 되었더라 거기서 여호와께서 그들을 위하여 법도와 율례를 정하시고 그들을 시험하실새"(출 15:25).

모세가 하나님의 말씀에 순종하여 한 나무를 던졌을 때 쓴물이 단물로 바뀌었다. 이 나무는 영적으로 예수 그리스도의 십자가를 의미한다. 예수 그리스도의 십자가는 저주를 축복으로, 쓴물을 단물로 바꾸는 하나님의 능력과 권세다.

그러므로 우리는 세상을 살아가면서 쓴물을 만나도 걱정할 필요가 없다. 인생길을 걸어가면서 달콤한 것만을 추구하지 말아야 한다. 철없는 인생은 단 것만 좋아하지만, 쓴 것이 보약일 때가 많다. 쓴물을 만나도 그 상황을 믿음의 눈으로 바라보면서 적극적으로 살아가기를 축복한다.

성경적인 형통함이란
고난을 전혀 만나지 않는 삶이 아니다.
오히려 어떤 환난과 시험, 고난을 만나도
하나님의 도우심으로
이겨 내는 삶을 의미한다.

5
고난이
하나님의 사람을 만든다

나그네 길과 험악한 인생

야곱은 아브라함, 이삭과 함께 이스라엘 백성에게 '믿음의 조상'으로 불리는 인물이다. 일반적으로 우리가 야곱에 대하여 생각하는 이미지 중 하나 역시 '믿음의 조상'일 것이다. 성경의 많은 곳에서 하나님이 자신을 소개하실 때 "나는 아브라함의 하나님, 이삭의 하나님, 야곱의 하나님"이라고 말씀하시기 때문이다.

이처럼 야곱은 하나님이 인정하신 영광스러운 믿음의 조상 중 하나였다. 그는 할아버지 아브라함과 아버지 이삭을 거쳐 신앙의 최고 명문 가문의 계보를 잇는 주인공이었다.

우리가 생각하는 야곱의 또 다른 이미지는 '축복의 사람'
이다. 야곱은 얍복강 나루에서 형 에서의 위협을 받는 백척
간두(百尺竿頭)의 상황 중에 밤새 처절한 씨름을 하며 하나님
을 만났다. 야곱이 하나님께 힘을 다하여 "당신이 내게 축복
하지 아니하면 가게 하지 아니하겠나이다"(창 32:26)라고 간
청했을 때 하나님은 야곱의 이름을 '이스라엘'로 바꾸어 주
셨다(창 32:28).

고대 근동에서 한 사람을 지칭하는 이름에는 그의 가치
와 정체성과 미래가 담겨 있다. '이스라엘'이라는 이름은 '하
나님과 겨루어 이김', '하나님이 통치하심'이라는 뜻이다. 여
기에는 하나님이 야곱의 삶을 영원토록 통치해 주신다는 약
속이 담겨 있다. 하나님이 통치하신다는 약속은 그의 평생을
하나님이 보증하시고 책임져 주신다는 의미이기도 하다. 결
국 '이스라엘'은 이스라엘 민족의 역사 속에서 가장 존귀한
이름이자, 이스라엘이라는 국가와 민족의 정체성을 의미하
는 영광스러운 이름이 되었다.

이뿐만 아니라 야곱은 '아브라함과 사라'라는 조부모와
'이삭과 리브가'라는 부모가 하나님 앞에서 심어 놓은 축복
의 열매로서, 하나님이 자신의 성호 앞에 보증하신 영광스러

운 믿음의 조상의 계보를 이어받았다. 말하자면 야곱은 하나님의 축복과 보호와 인도하심을 약속받은 인생이었던 것이다. 그런데도 야곱은 자기 인생 여정이 이방인으로서 안정되지 못한 불확실한 삶, 정처 없이 험난한 순례자의 삶과 같았다고 고백했다(창 47:9).

하나님이 시대별로 세우신 간판주자 중 한 명이었던 야곱, 즉 신앙의 명문 가문 자손이었던 그가 살아온 130년의 삶이 어떠했기에 야곱은 자신의 일생을 '나그네 길'과 '험악한 세월'이라고 표현했을까?

축복받은 야곱은 왜 험악한 인생을 살았는가?

야곱은 아버지 이삭과 어머니 리브가 사이에서 쌍둥이 중 둘째로 태어났다. 야곱과 그의 형 에서의 출생은 아버지 이삭의 기도에 대한 하나님의 응답이었다(창 25:21). 야곱은 출생 순간부터 박탈감과 열등감을 경험했다. 야곱은 그의 이름이 뜻하는 바처럼 형 에서의 발뒤꿈치를 잡고 태어났는데(창 25:26; 호 12:3), 그 정도로 야곱에게는 장자가 되고 싶은 욕심이 있었음을 의미한다. 이는 하나님이 복의 근원이시라는 믿음이 야곱에게 있었기 때문이라고 보아야 한다.

에서와 야곱은 쌍둥이 형제였지만 기질은 전혀 달랐다. 에서는 활동적이고 사냥에 탁월했다. 주로 수렵과 목축 활동을 하며 자원을 획득하던 그 당시에는 에서처럼 운동 능력이 뛰어난 사람이 인정받았다. 그러나 에서는 식욕과 세속적 욕심 등에 탐닉했고, 영적인 것보다 육적인 것을 우선시하다가 결국 장자의 명분을 팥죽 한 그릇에 팔아 버리고 말았다(창 25:33-34). 그는 방종에 빠져 이방 여인들을 아내로 삼고, 부모의 축복 없이 결혼을 강행하여 이삭과 리브가의 마음에 근심이 되기도 했다(창 26:34-35).

신체적인 능력이 탁월해서 주로 밖에서 활동하던 에서와 달리, 동생 야곱은 주로 집 안에서 어머니 곁에 머물렀다. 야곱은 형 에서처럼 여인들의 인기를 얻지도 못했다. 이처럼 너무도 기질이 달랐던 쌍둥이 형제였기에, 아버지인 이삭은 에서를 편애하고, 어머니인 리브가는 야곱을 더 사랑했다(창 25:28).

이삭이 나이가 많아 눈이 흐려져서 잘 보지 못하던 어느 날이었다. 이삭은 첫째 아들 에서에게 들에서 사냥한 것으로 별미를 만들어 가져와 먹게 하면 마음껏 축복하겠노라고 이야기했다(창 27:1-4). 이 대화를 들은 리브가는 에서가 들로 나간 사이에 집에 있던 염소 새끼로 별미를 만들어 둘째 아들인 야곱으로 하여금 장자인 에서가 받아야 할 축복을 받게 했다. 야곱이 염소 새끼의 가죽을 손과 목에 둘러 털이 많은 형 에서의 흉내를 내며 아버지를 속이고 장자를 위한 축복 기도를 받은 것이다(창 27:16-29).

뒤늦게 사냥하고 돌아온 에서는 이 사실을 알고 극도로 분노하며 야곱을 죽이고자 했다(창 27:41-45). 사태의 심각성을 알게 된 리브가는 "어찌 하루에 너희 둘을 잃으랴"(창 27:45) 하고 걱정하며 야곱을 오라버니 라반이 있는 하란 땅으로 보냈다. 야곱은 이 속임수로 인해 불확실한 미래에 대한 불안감과 분노한 형 에서에 대한 두려움에 빠져 버렸다. 이렇게 야곱의 출생과 성장 과정은 결국 험악한 세월의 시작이 되었다.

브엘세바에서 하란까지의 거리는 약 900km나 된다. 이 먼 거리를 가야 하는 야곱은 불안과 두려움에 사로잡힌 채 다급한 발걸음을 옮겼다. 광야에서의 행로는 밤의 추위와 낮의 더위, 맹수와 강도의 위협, 배고픔과 목마름까지 견뎌야 하는 고난의 길이었다. 아마도 야곱은 브엘세바에서 하란까지 그 멀고 거친 광야 길을 한 달이 훨씬 넘는 기간 동안 매일 걸었을 것이다.

이러한 광야에서 밤이 되면 야곱은 돌을 가져다가 베개로 삼고 잠을 청했다(창 28:11). 야곱의 돌베개는 인생의 가장 밑바닥 순간을 의미한다. 이제 편안하고 안전한 잠자리는 고사하고 변변한 베개 하나 없는 상황이 야곱에게 펼쳐진 것이다.

야곱은 형의 분노가 풀리면 기별을 넣어서 다시 고향으로 부르겠다는 부모님의 말을 듣고 집을 떠나왔다. 그런데 20년이 지나도 부모님으로부터 전갈이 오지 않았다. 그는 그 기간 동안 기약 없는 종살이를 해야 했고, 부모님과 고향을 사무치게 그리워했을 것이다. 몹시 괴로운 시간을 보내게 된 것이며, 긴 기다림에 지치고 낙심할 수 있는 상황이었다.

게다가 외삼촌 라반마저 야곱의 마음에 어려움을 더했다. 사랑하는 여인 라헬을 얻기 위해 7년 동안의 종살이 끝에 결혼식을 올렸으나, 다음 날 눈을 떠 보니 신부는 자신이 사랑하는 라헬이 아닌 언니 레아였다(창 29:23). 결국 그는 외삼촌을 위해 7년 동안 종살이를 더 하는 조건으로 라헬을 아내로 얻었다.

이뿐만 아니라 야곱은 외삼촌 라반의 양 떼를 돌보다가 손해가 발생하면 전부 변상해야만 했다. 그는 라반으로부터 양 떼를 돌보고 받기로 했던 품삯을 열 번이나 받지 못하는 등 외삼촌에게도 철저하게 배신당했다(창 31:41). 훗날 야곱은 외삼촌이자 장인인 라반의 집에서 양을 치던 20년의 세월이 "낮에는 더위와 밤에는 추위를 무릅쓰고 눈 붙일 겨를도 없이"(창 31:40) 지냈던 길고도 고통스러운 노동의 시간이었다고 회고했다.

아브라함을 할아버지로, 이삭을 아버지로 둔 신앙의 명문 가문 출신이었지만, 그는 부모의 품을 떠나 무려 20년이나 종살이를 해야만 했다. 야곱은 어느덧 자녀 열셋을 두게 되었지만(아들 12명, 딸 1명), 20년이 지나도록 자기 사업 하나 일구지 못하는 답답하고 불안한 객지 생활을 계속하고 있었다.

그러던 야곱이 드디어 하나님의 극적인 도우심으로 부모님이 계신 고향 브엘세바로 돌아가고자 결단했다. 그러나 야곱은 동생이 돌아온다는 소식을 들은 형 에서가 그를 반가워하기는커녕 400명의 사람들을 이끌고 달려오고 있다는 소식을 들었다(창 32:6). 20년이나 지났지만 여전히 형의 분노가 풀리지 않았으니 야곱의 마음은 얼마나 답답하고 두려웠을까? 야곱이 거느린 가족의 생사도 보장할 수 없는 위기 상황이었으니 말이다.

어떻게 해야 할지 한 치 앞도 알 수 없는 절망의 상황에 놓인 야곱은 얍복 나루에 홀로 남아서 처절하게 기도했다. 자신의 힘으로는 도저히 해결할 수 없는 상황에서 씨름하듯

밤새 하나님께 매달리며 기도한 것이다. 이에 하나님이 야곱의 기도에 응답하셨는데, 그때 그의 허벅지 관절을 치셨기에 그는 평생 다리를 절면서 살게 되었다(창 32:25).

이후 형 에서와의 화해가 극적으로 이루어졌지만, 아직 심리적 두려움이 남아 있었는지 그는 에서가 사는 에돔에서 멀리 떨어진 곳으로 가서 자리를 잡았다. 야곱이 20년 전에 하나님의 도우심을 구하며 기도할 때 고향으로 돌아오게 되면 벧엘에서 살겠다고 했는데, 이를 까맣게 잊고 세겜 땅으로 간 것이다.

하나님이 택하신 백성은 하나님의 길을 떠나면 문제를 만날 가능성이 크다. 결국 세겜 땅에서 야곱의 딸 디나가 그 땅의 추장 세겜에게 능욕을 당하고 말았다(창 34:2). 더욱이 이 사실을 들은 야곱의 아들 시므온과 레위가 칼을 들고 세겜 땅을 기습하여 추장과 모든 남자를 보복 살해하는(창 34:25-26) 끔찍한 일이 벌어졌다.

이 모든 고난 이후에도 야곱의 고난은 계속되었는데, 야곱이 그토록 사랑하던 아내 라헬이 야곱의 열두 번째 아들 베냐민을 낳다가 난산 끝에 죽어 베들레헴에 장사되었다(창 35:19-20). 그리고 야곱은 자신의 인생에서 큰 산과 같았던 아버지 이삭의 죽음을 목도했다(창 35:27-29). 게다가 사랑하는 아들 요셉이 죽었다는 청천벽력 같은 소식을 듣게 되었다. 요셉의 형들이 요셉을 애굽에 노예로 팔아넘기고선 그의 채색 옷을 벗겨 염소의 피를 묻힌 뒤 아버지 야곱에게 보여 주며 거짓말을 한 것이다. 요셉의 옷을 알아본 야곱은 요셉이 맹수에 의해 희생된 줄 알고 오래도록 괴로워하며 슬퍼했다.

이토록 험악한 세월을 보낸 야곱은 자신의 인생을 '나그네 길'이라고 표현했는데, 브엘세바에서 루스로, 루스에서 하란으로, 하란에서 세겜으로, 세겜에서 벧엘로, 벧엘에서 헤브론으로, 헤브론에서 애굽의 고센 땅으로 계속 이주하며 그야말로 정처 없는 여정을 보내야 했기 때문이다.

그러나 잊지 말아야 할 사실은 야곱은 신앙의 명문 가문을 잇는 믿음의 조상이었고, 또한 하나님께 영적 장자의 약속도 받은 사람이었다는 것이다(창 25:23). 그렇다면 야곱은 편안한 인생을 살아야 할 것 같은데, 어째서 험악한 세월을 보낸 것일까? 살아 계신 하나님이 축복을 약속하셨는데, 왜 이처럼 험난한 인생을 살게 하셨을까?

고난 뒤편, 우리는 모르는 하나님의 섭리

사실 아무 근심 없이 안락하게 사는 것만이 하나님의 축복은 아니다. 하나님은 야곱을 진정 복되게 하고자 광야로 이끄셨다. 아브라함과 이삭이 심어 놓은 축복대로 야곱을 열국의 아비로 복되게 쓰시려고 야곱의 인생에 특별하게 개입하신 것이다.

이 과정에서 하나님은 형 에서를 사용하셨다. 동생이 자신보다 먼저 복을 받았다고 해서 20년 동안이나 감정을 풀지 않고 동생을 죽이려고 하는 것이 일반적인 상황은 아니다. 하지만 그렇게 하지 않았다면 야곱은 광야로 나가서 연단과 훈련을 받지 못했을 것이다.

환난은 연단을 통해 변화와 성숙이라는 결과를 가져온다. 환난 중 감당하게 되는 인내와 연단의 과정을 거치면 소망을 이루게 된다. 일반적으로 우리는 환난과 연단을 싫어하고 소망만 이루기를 원한다. 그러나 연단의 과정을 거치지 않고는 소망을 이룰 수가 없다. 하나님이 기한이 찰 때까지 야곱으로 하여금 광야에서 험악한 세월을 보내게 하신 것은 고난과 시련이라는 연단을 통해 야곱의 변화와 성숙을 이루려 하셨기 때문이다(롬 5:3-4).

얍복 나루에서 하나님을 대면한 야곱은 그 후 점차 영성이 깊어졌다. 야곱은 훗날 요셉의 두 아들에게 축복 기도를 할 때 손을 엇바꾸어 오른손을 차남 에브라임의 머리에 얹고, 왼손을 장남 므낫세의 머리에 얹어 기도했다(창 48:14). 요셉이 이를 기뻐하지 아니하며 손을 옮기려 하였으나 야곱은 "나도 안다 내 아들아 나도 안다 … 그의 아우가 그보다 큰 자가 되고 그의 자손이 여러 민족을 이루리라"(창 48:19)라고 대답하며 깊은 영성을 가졌음을 드러냈다. 또한 야곱은 생의 마지막 순간에 육신의 눈은 어두워졌지만, 열두 아들에게 유언을 남기면서 그들의 미래를 예언하는데, 이는 야곱의 영안이 열려 있었다는 의미다(창 49장).

고난은 우리를 체험 신앙으로 이끈다

고난은 우리를 하나님을 체험하는 신앙으로 이끈다. 야곱은 브엘세바를 떠나 광야 길을 가다가 한곳에서 유숙하게 되었는데, 그곳에서 함께하시는 하나님을 체험했다(창 28:16). 야곱은 고난을 통해 하나님을 직접 체험할 수 있었던 것이다. 야곱이 유숙했던 곳의 옛 지명은 '루스'인데, 야곱이 하나님을 체험하고 서원한 후에는 하나님의 집이라는 뜻의 '벧엘'이라 부르게 되었다.

하란에서 고향으로 돌아오던 야곱은 얍복 나루에서 하나님과 밤새도록 씨름했다. 그 후 '발뒤꿈치를 잡음'이라는 뜻을 가진 이름인 '야곱'에서 '하나님과 겨루어 이김'이라는 뜻의 '이스라엘'로 새 이름을 부여받았다. 하나님이 야곱을 충분히 연단시키시고 난 후 그를 신앙의 아버지로 세우신 것이다.

개인적으로 나의 지난날을 돌아볼 때 고난의 순간에 하나님을 깊이 체험한 적이 많았다. 난방이 안 되어 추위에 떨기도 하고, 먹을 것이 없어서 6일 동안 굶으면서도 그 속에서 하나님만 바라보며 기도하다가 하나님을 깊이 만나는 경험을 많이 했다. 그런 체험들이 쌓여 이제는 웬만큼 어려운 상황에도 흔들리지 않게 된 것이 하나님의 은혜다.

삶은 단순하지 않다. 하나님의 사람들도 삶의 과정에서는 원하지 않는 다양한 어려움에 직면한다. 의인에게는 많은 고난이 있지만, 결국 의인은 고난을 유익으로 바꾸시는 하나님을 체험한다(시 34:19). 우리 인생이 아무리 어렵다고 해도 아마 야곱이 경험했던 수많은 어려움보다 더하지는 않을 것이다.

하나님은 아브라함과 이삭을 잇는 영적인 장자 야곱이 왜 험악한 세월을 보내도록 하셨을까? 한마디로, 아브라함과 이삭이 심은 기도의 열매를 맺기 위해 야곱을 광야로 보내셨던 것이다.

사실 평탄하기만 한 삶은 축복이 아니다. 인생의 참된 가치와 소망을 발견하는 삶이 복되다. 하나님은 야곱을 크게 쓰시려고 20년 동안 종살이를 하게 하셨고, 모세를 크게 쓰시려고 왕자의 신분이었던 그를 미디안 광야에서 40년 동안 양치기로 지내게 하셨다. 하나님이 사명의 크기만큼 야곱과 모세를 광야의 삶으로 연단시키신 것이다.

그러므로 우리 삶에 어려움이 주어질 때 "나는 하나님의 손에 있다. 내 시대가 하나님의 손에 있다. 하나님이 나를 쓰기 위해 훈련시키신다!"라는 믿음의 고백으로, 어떤 어려움이라도 돌파해 나가야 한다. 그러면 하나님이 반드시 함께하시고 도와주신다.

6
고난이 주는
교훈

성숙한 신앙의 절정, 고난을 통과할 때

사람이 살아가면서 가장 이해하기 힘든 영역이 고난에 관한 것이다. 자신은 고난으로부터 무풍지대에 놓인 삶을 사노라고 자신 있게 말할 사람은 아무도 없다. 일반적으로 사람들은 고난을 죄의 결과로 인식한다. 고난은 인간 자신이 자초한 필연적인 결과이며 인과응보의 원리에 입각한다고 여기는 것이다. 그러나 인과응보의 원리는 성경의 공식적인 견해가 될 수 없음을 욥기는 강조하고 있다. 욥이 겪은 고난의 원인은 인과응보의 원리로는 설명될 수 없다.

욥은 "온전하고 정직하여 하나님을 경외하며 악에서 떠난 자"(욥 1:1)였다. 하나님을 모르는 이방인 지역인 우스에서 하나님을 경외하며 악에서 떠난 자로 살았던 그의 삶을 볼 때 욥의 신앙이 얼마나 위대했는지를 짐작할 수 있다.

하나님이 친히 사탄에게 욥을 자랑하고 칭찬하실 정도로 욥은 인격과 삶 그리고 신앙에서 흠결을 찾기 어려웠다.

"네가 내 종 욥을 주의하여 보았느냐 그와 같이 온전하고 정직하여 하나님을 경외하며 악에서 떠난 자는 세상에 없느니라"(욥 1:8).

하나님이 욥을 가리켜 "내 종"이라고 말씀하시는데, 이는 욥이 순종과 경건을 통해 하나님의 사랑을 받는 특별한 존재였음을 강력히 시사한다. 이렇듯 인격과 삶과 신앙이 완벽에 가까운 욥이었지만, 그는 하루아침에 모든 소유를 잃게 되는, 말로 표현할 수 없는 고난을 겪게 된다.

욥이 겪은 첫 번째 고난은 그의 재산과 자녀들과 종들을 모두 잃은 것이다. 동방 사람 중에 가장 훌륭한 자였던 그에게(욥 1:3) 고난이 하루 동안 갑자기 닥쳐왔다. 7천 마리의 양과 3천 마리의 낙타, 5백 겨리(쌍)의 소와 5백 마리의 암나귀와 종들을 하루아침에 잃어버렸다. 뿐만 아니라 큰 바람으로 인해 아들 일곱, 딸 셋이 모두 목숨을 잃는 엄청난 고난을 겪게 되었다.

더구나 그는 두 번째 고난을 통해 육체의 질병의 고통을 겪으면서 몸이 완전히 망가졌고, 아내의 저주와 함께 친했던 친구들로부터 논박까지 당하게 되었다. 욥은 재산과 자녀들과 종들을 잃은 외적 고난뿐만 아니라 육체와 정신적 고난까지 총체적으로 맞게 되었다.

"[20] 욥이 일어나 겉옷을 찢고 머리털을 밀고 땅에 엎드려 예배하며 [21] 이르되 내가 모태에서 알몸으로 나왔사온즉 또한 알몸이 그리로 돌아가올지라 주신 이도 여호와시요 거두신 이도 여호와시오니 여호와의 이름이 찬송을 받으실지니이다 하고 [22] 이 모든 일에 욥이 범죄하지 아니하고 하나님을 향하여 원망하지 아니하니라"(욥 1:20-22).

욥이 겪은 고난을 보며 우리가 놀라게 되는 두 가지 사실이 있다. 첫째, 욥에게 닥쳐온 고난은 한 인간이 감당하기에는 너무도 가혹하다는 점이다. 한 인간이 지상에서 겪을 수 있는 가장 큰 고통의 상황이라고 볼 수 있다. 둘째, 그럼에도 고난의 한복판에서 욥은 입술로 범죄하지 않았다는 것이다. 극도의 슬픔 중에서도 하나님을 향해 예배자로 자신을 세우며 찬송과 감사를 드리는 욥의 모습은 성숙한 신앙의 절정이라고 볼 수 있다.

사탄이라는 존재의 근본적인 실체

욥기 1장 6-12절은 하늘 궁정 회의의 모습을 소개하고 있다. 6절에는 하나님의 아들들(천사들)이 여호와 앞에 서 있고, 사탄도 그들 가운데에 왔다고 기록되어 있다. 사탄은 천상 회의에 참여할 자격이 부여되진 않았지만, 하나님의 특별한 허락 아래 그 시간 그곳에 입장할 수 있었을 것이다.

하나님이 그때 그곳에 있던 사탄에게 "네가 어디서 왔느냐?"라고 질문하시자 사탄은 "땅을 두루 돌아 여기저기 다녀왔나이다"(욥 1:7)라고 대답했다. 이로 보건대, 안정이 없고 어수선하며 목적 없이 배회하는 사탄의 상태를 알 수 있다. 그리고 사탄이 이 땅을 두루 다니는 목적에 관하여 성경에는 "우는 사자같이 두루 다니며 삼킬 자를 찾나니"(벧전 5:8)라고 묘사되어 있다. 사탄은 삼키고 파괴시키려는 분명한 목표를 가지고 대상을 찾아 두루 돌아다닌다는 사실을 알 수 있다. 그러므로 우리는 사탄의 실재를 인지하며 항상 경계하고 성찰해야 한다.

사탄은 악한 힘이나 영향력에 국한되어 있는 것이 아닌, 본질이 악한 인격적 존재다. 사탄이 역사하는 곳에는 안정이 파괴되고 비생산적이며, 목표 없는 삶을 살아가는 사람들이 많아진다. 이것을 통해 사탄의 역사를 분별할 수 있어야 한다.

하나님은 사탄에게 욥을 자랑하셨다(욥 1:8). 이처럼 우리 각자도 하나님이 이 세상을 향하여 마음껏 자랑하실 수 있는 모습이 되기를 축복한다.

사탄은 하나님이 욥을 칭찬하신 것에 대해 힐문하고 대적하는 태도를 보였다. 사탄은 하나님의 판단과 말씀의 권위를 인정하려고 하지 않을 뿐만 아니라 말씀의 권위를 깎아내리려고 한다. 하나님의 지혜는 완전하고, 하나님의 말씀은 오류가 없으며, 그 권위는 절대적임에도 불구하고 사탄은 그 권위에 흠집을 내려고 시도한다.

"⁹ 사탄이 여호와께 대답하여 이르되 욥이 어찌 까닭 없이 하나님을 경외하리이까 ¹⁰ 주께서 그와 그의 집과 그의 모든 소유물을 울타리로 두르심 때문이 아니니이까 주께서 그의 손으로 하는 바를 복되게 하사 그의 소유물이 땅에 넘치게 하셨음이니이다 11 이제 주의 손을 펴서 그의 모든 소유물을 치소서 그리하시면 틀림없이 주를 향하여 욕하지 않겠나이까"(욥 1:9-11).

사탄은 대상을 축복하거나 칭찬하지 않는다. 오히려 깎아내리거나 저주한다. 그리고 하나님의 말씀에 대해 의심을 일으키는 질문을 한다. 그러나 상대방을 축복하는 태도는 하나님의 영이 역사하시는 방향이다. 상대방이 높여질 때 기뻐하는 태도 또한 성숙한 자세다. 사탄은 상대방이 높임받는 것을 기뻐하지 않는다. 사탄이 역사하는 곳에는 누군가가 잘되고 높여지는 것을 기뻐하는 분위기가 아니라, 은근히 낮추어지기를 기대하는 분위기가 자리 잡는다.

내가 섬기는 교회의 교역자들에게 가끔 상대방을 높여 달라는 부탁을 할 때가 있다. 교역자들 간에는 팀워크가 잘 맞아야 하는데 그 방법은 간단하다. 세례 요한이 예수님을 향해 "그는 흥하여야 하겠고 나는 쇠하여야 하리라"(요 3:30)라고 고백한 태도로 살아가면 된다. 교역자들이 상대방을 높여 주고 도와주면 하나님이 언젠가는 그를 더욱 높여 주실 것이다.

남을 낮추고 무례하게 헐뜯는 사탄의 문화가 깨지고, 남을 세워 주고 칭찬하며 상대방의 행복이 자신의 행복이 되는 성숙한 문화가 자리 잡도록 그리스도인들이 솔선수범 해야 한다. 함께 어우러져서 서로를 세워 주는 것이 하나님 나라의 문화이기 때문이다.

사탄은 욥이 하나님을 잘 믿는 이유가 모종의 유익이 보장되어 있기 때문이라고 말했다. 욥의 믿음은 단순히 주고받는(give and take) 식의 타산적 신앙이라고 주장한 것이다. 하나님의 자리를 탐내는 사탄의 생각은 항상 삐딱하다. 그러나 우리는 매사를 긍정적으로 바라보고 나의 생각이나 가치관보다는 하나님 말씀의 권위를 인정해야 한다. 우리도 나의 생각을 내세우지 말고, 하나님 말씀의 권위 앞에서 겸손히 고개를 숙이며 항상 "아멘"으로 반응할 수 있어야 한다.

하나님은 결국 사탄의 제안을 받아들이시는데, 그 이유는 아마도 욥의 경건함의 뿌리가 무엇인지 밝히기를 원하셨기 때문이 아니었을까? 하나님 편에서 본다면 이러한 허락은 욥의 경건함에 대한 확고한 인정과 신뢰 때문이었을 수도 있고, 한편으로는 욥의 영적인 통찰력을 더 깊이 하시려는 것일 수도 있다.

하나님은 사탄에게 욥을 시험하는 모든 재량권을 허락

하시되 그의 몸에는 손을 대지 못하게 하셨다(욥 1:12). 이것은 하나님은 사람이 감당할 시험만 허락하신다는 말씀(고전 10:13)을 상기시킨다.

사탄은 하루 동안 사람을 통해(욥 1:15, 17) 그리고 자연재해를 통해(욥 1:16, 19), 온갖 방법으로 욥이 고난을 겪게 했다. 사탄은 극심한 고난을 통해 욥을 꺾어 버리면 자신이 하나님의 자리를 차지할 것이라고 생각했다. 그러나 사탄이 하는 일은 결과적으로 언제나 어리석다. 결국은 하나님이 승리하시고, 하나님의 이름이 높여지고, 믿음의 사람이 승리한다.

이처럼 사탄의 능력은 제한적이다. 사탄은 철저히 하나님의 통제 안에 있다(고후 12:7). 또한 사탄의 활동은 제한적이다. 사탄의 활동은 하나님의 명령 범위 안에서만 행해진다. 욥에 대한 첫 번째 시험에서 사탄은 욥의 자녀들과 종들과 재산에 관련된 재앙만 내렸을 뿐 그의 육체는 건드릴 수 없었다. 두 번째 시험에서도 사탄은 욥에게 육체에 관련된 질병을 주었지만 생명을 해하지는 못했다.

사탄의 생각은 무지하다. 하나님은 욥이 고난을 감당할 수 있을 것임을 미리 알고 허락하셨지만(고전 10:13), 사탄은 그것을 알지 못했다. 사탄은 예수님이 하나님의 아들이신 줄은 알았지만, 십자가를 통해 온 인류를 구원하고자 하시는 하나님의 구원의 지혜는 알지 못했다. 그리고 단순히 하나님의 아들 예수님을 십자가 고난을 통해 죽이면 자신이 승리할 것이라는 무지한 생각에 사로잡혀 있었다. 그러나 하나님은 십자가를 통해 온 인류를 구원하는 길을 열어 놓으셨다.

오늘날도 사탄은 그리스도인의 삶 속에 고난을 주면 신앙이 떨어지고 낙심하여 믿음을 저버릴 것이라고 생각한다. 하지만 오히려 고난을 통해 신앙은 견고하게 되고 인격은 성숙해진다. 이것이 하나님의 신비다. 고난은 유익이자 축복이며, 고난을 통해 인내를 배우고 인격과 성품이 성숙하게 된다(시 119:71; 롬 5:3-4).

우리는 고난에 대해 단순한 생각에만 매여서는 안 된다. 장로와 목회자는 물론이고 그 누구라도 아플 수 있고, 넘어질 수 있다. 아프고 고난을 당할 때는 오히려 주변에 알려야 서로 기도할 수 있는 것이다.

전남의 신안 일대를 복음화시킨 문준경 전도사님은 순교를 통해 수많은 목회자와 하나님의 사람들을 배출시켰다. 공산주의자들은 문준경 전도사님을 살해하면 복음이 더 이상 증거되지 못할 것이라고 생각했지만, 신안군의 증도라는 섬은 주민의 90% 이상이 그리스도인이 되었다. 또한 김준곤 목사님, 이만신 목사님, 정태기 박사님 등 기라성 같은 목회자들이 배출되었다. 이렇듯 한 알의 밀이 썩어짐으로써 많은 열매를 맺게 하시는 것이 하나님의 방법이다.

나는 세 살 때 아버지가 돌아가셨다. 하나님이 나에게 왜 이런 고난을 주셨는지, 어린 시절에는 이해할 수 없었다. 그런데 스물다섯 살 무렵 하나님을 더 깊이 만났을 때 하나님이 나의 고난에 대한 오랜 숙제를 풀어 주셨다.

"기용아, 네가 아버지가 있는 평범한 환경에서 자랐다면 힘들어하는 수많은 청소년에게 해 줄 말이 있었겠니?"

나는 그때 엎드려 기도하면서 세 살 때 아버지를 여읜 것이 오히려 감사하다고 고백할 수밖에 없었다. 부족하지만 어려움과 고독에 대해서 이해할 수 있는 목회자가 되게 하신 것이 너무나 감사하다고 고백했다. 실수하지 않으시는 하나님은 고난도 유익이 되게 하시고(시 119:71), 고난을 통해 하나님의 영광을 크게 드러내시는 줄 믿는다.

욥기의 독자들은 욥이 고난받는 이유가 하늘 궁정 회의로 인해 하나님의 제한적인 허락 안에서 사탄이 사람과 자연을 통해 역사한 것임을 알고 있지만, 당시에 엄청난 고난을 겪은 욥은 그 사실을 알지 못했다. 오늘날에도 고난을 겪는 대부분의 당사자들은 고난이 어디에서 비롯된 것인지, 어떤 이유로 온 것인지 알지 못한다.

욥은 자신이 겪는 고난의 원인을 잘 몰랐지만, 입술로 범죄하지 않았다. 욥의 신앙과 인격이 놀라운 것은 극도의 슬픔 중에도 사람을 의지하지 않고 하나님을 예배하며 감사와 찬송을 드렸다는 사실이다.

많은 사람이 조그마한 고난을 만나도 그 고난을 크게 보고 예배가 무너지거나 감사와 찬송을 잃어버리곤 한다. 이렇게 볼 때 욥의 신앙은 실로 위대하다. 그래서 성경은 특별히 욥의 신앙에 대해 언급하고 있다(겔 14:14; 약 5:11).

욥의 고난에서 배울 수 있는 여덟 가지 교훈

그렇다면 욥의 고난이 우리에게 주는 교훈은 무엇인가?

첫째, 믿음이 뛰어난 의인의 삶에도 고난은 찾아온다. 에이브러햄 링컨(Abraham Lincoln)은 그의 네 아들 중에서 장남만 남고 세 아들을 잃는 고난을 겪었다. 그런 중에도 그는 "국민의, 국민에 의한, 국민을 위한 정부"라는 문구로 유명한 '게티스버그 연설'을 남겼다. 이 연설에서 지나치기 쉬운 중요한 문구는 바로 앞에 있는 "하나님 안에서"(under God)인데, 우리가 하나님 안에서 비로소 자유를 누릴 수 있고, 그때 국가가 지속될 것이라고 전제했다는 점이다. 이처럼 그는 고난

중에도 하나님을 인정했다.

둘째, 하나님은 감당할 만한 고난만 허락하신다(고전 10:13).

셋째, 고난의 이유를 단순히 '잘못에 대한 벌칙'으로 평가하거나 해석해서는 안 된다. 욥도 자신이 고난당하는 이유를 알지 못했다.

넷째, 저주가 목적인 사탄의 존재가 실재함을 인식해야 한다(요 10:10).

다섯째, 사탄도 하나님의 주권 안에서만 사람을 시험할 수 있다.

여섯째, 고난을 이기는 비결은 예배와 감사와 찬송에 있다. 고난을 겪고 있을 때 위축되거나 죄책감에 빠져서는 안 된다. 사람의 시선은 의식할 필요가 없다. 우리는 어려움을 당할수록 더욱더 예배의 자리로 나아와야 한다.

일곱째, 타인의 고난을 쉽게 판단하지 말아야 한다. 미성숙한 태도가 하나님 앞에서 죄가 될 수 있으며, 고난을 당하는 이에게 더 큰 상처와 짐을 안겨 줄 수 있다.

여덟째, 고난 뒤에는 더 큰 축복이 준비되어 있다(욥 42:12-17). 욥은 갑절의 축복을 받게 되었다. 재산도 갑절이 되었고, 더욱 뛰어난 열 자녀를 다시 얻게 되었으며, 장수의 복을 받아 140년을 더 살았다.

고난 뒤에는 결국 하나님의 영광이 드러난다. 새무얼 스마일스는 그의 책 『세상에서 가장 소중한 나를 이겨라』에서 "고난은 인격을 단련시키는 대장간"이라고 했다. 이처럼 고난은 우리로 하여금 전보다 훨씬 성숙한 단계로 나아가게 한다. 하나님은 고난 뒤에 갑절의 축복을 예비해 놓으셨다. 고난보다 나에게 역사하시는 하나님의 손길을 더 크게 보는 믿음으로 예배하고 감사하고 찬양하며 고난을 돌파해 나가기를 축복한다.

PART
2

신앙은 위기와
고난의 때에
더욱 빛난다

7

더불어,
하늘을 향하여

누구든지 인생의 고난을 만난다

히스기야는 남유다 왕국의 제13대 왕으로서, 주전 715년
에 즉위한 후 29년 동안 그 땅을 통치했다. 그는 분열 왕국
시대에 찾아보기 쉽지 않은 신실한 믿음을 가지고 있었다.

히스기야는 왕위에 즉위하자마자 아버지 아하스가 폐쇄
하여 오랫동안 닫혀 있었던 성전 문을 열고 수리를 시작했
다. 히스기야는 삶과 통치의 우선순위를 신앙에 두었으며,
신앙 회복의 우선은 성전을 중심으로 한 예배의 회복에 있
음을 알고 실천에 옮겼다. 또한 히스기야는 흩어졌던 제사장

들과 레위 사람들을 모으고(대하 29:4) 그들을 갱신시켰다.

히스기야를 통해 예배가 다시 시작되고, 영적 리더들의 회개를 통한 갱신, 찬양과 경배의 회복(대하 29:25-28), 예물을 통한 신앙 고백(대하 29:31) 등이 일어났으며, 이로 인해 하나님의 축복을 경험하게 되었다(대하 31:10).

이처럼 평탄과 축복의 삶이 지속되던 히스기야의 통치 기간에도 갑작스럽게 큰 위기가 찾아왔다. 신흥 강국 앗수르의 왕 산헤립의 대군이 북이스라엘을 집어삼킨 후에 파죽지세로 남유다를 정복하기 위해 쳐들어온 것이다. 그것도 무려 18만 5천 명의 군사를 거느리고 말이다(주전 701년경). 아버지 아하스왕과 달리 하나님을 섬기는 일을 우선으로 삼은 히스기야와 유다 왕국에 풍전등화와 같은 국가적 위기가 닥쳐왔다.

믿음의 사람에게도 고난은 찾아온다. 믿음의 사람의 삶속에는 그 어떤 어려움이나 고난도 없을 것이라는 말은 성경에 한 구절도 없다. 오히려 성경은 이렇게 말한다.

"의인은 고난이 많으나 여호와께서 그의 모든 고난에서 건지시는도다"(시 34:19).

"¹ 너는 두려워하지 말라 내가 너를 구속하였고 내가 너를 지명하여 불렀나니 너는 내 것이라 ² 네가 물 가운데로 지날 때에 내가 너와 함께할 것이라 강을 건널 때에 물이 너를 침몰하지 못할 것이며 네가 불 가운데로 지날 때에 타지도 아니할 것이요 불꽃이 너를 사르지도 못하리니"(사 43:1-2).

여기에서 "물 가운데로 지날 때", "강을 건널 때", "불 가운데로 지날 때"라는 표현은 우리가 겪는 인생의 다양한 고난을 의미한다. 이 말씀에서 하나님이 "너는 내 것이라"라고 말씀하신 후에 다양한 고난을 의미하는 물, 강, 불을 언급하신 것은 누구든지 인생의 고난을 만날 수 있다는 의미다. 히스기야처럼 하나님을 신뢰하는 사람도 고난과 위기를 만날 수 있다. 하지만 그 모든 고난을 하나님의 도우심으로 극복할 수 있다는 믿음을 가지는 것이 성경에 입각한 성숙한 신앙인의 태도다.

그런데 사람들은 다양한 이유로 열등의식을 가지고 살아간다. 이 열등의식은 비교의식으로 사회화되기도 하고, 타인에 대한 균형을 잃은 공격적 행동으로 표출되기도 한다. 열등의식은 예수 안에서 극복해야 한다. 하지만 안타깝게도 신앙생활을 하면서도 하나님과 사람들 앞에서 열등감에 사로

잡혀 살아가는 이들이 많다.

그중에 대표적인 사례가 고난을 겪을 때 다른 이들의 상황과 비교하면서 열등감을 가지는 경우다. 이러한 열등감은 고난에 대한 미성숙한 태도 때문에 생긴다. 믿음의 사람이기에 고난이 없어야 한다고 생각하는 이들도 많다. 그러다 보니 자신의 삶 속에 찾아온 고난으로 인해 낙심하거나 열등감에 빠지는 것이다. 그러나 신앙인들은 고난과 연관된 열등의식을 버려야 한다. 고난은 그 사람의 신앙의 성숙도에 반비례해서 오는 것이 아니다. 이는 성경 인물인 욥이나 요셉, 히스기야의 경우를 통해서 확인할 수 있다.

위기와 고난의 때에 빛나는 신앙

한편, 신앙은 위기와 고난의 순간에 빛난다. 히스기야는 앗수르 왕과 그의 장군들의 심리전과 침입이라는 위기 앞에서 성전에 올라가 이사야 선지자와 더불어 하나님께 부르짖어 기도했다. 믿음의 사람은 위기와 고난을 만날 때 신앙을 가장 먼저 활용한다.

"[20] 이러므로 히스기야왕이 아모스의 아들 선지자 이사야와 더불어 하늘을 향하여 부르짖어 기도하였더니 [21] 여호와께서 한 천사를 보내어 앗수르 왕의 진영에서 모든 큰 용사와 대장과 지휘관들을 멸하신지라 앗수르 왕이 낯이 뜨거워 그의 고국으로 돌아갔더니 그의 신의 전에 들어갔을 때에 그의 몸에서 난 자들이 거기서 칼로 죽였더라"(대하 32:20-21).

"히스기야가 사자의 손에서 편지를 받아 보고 여호와의 성전에 올라가서 히스기야가 그 편지를 여호와 앞에 펴 놓고"(왕하 19:14).

히스기야왕은 앗수르 왕 산헤립이 보낸 조롱의 편지를 하나님 앞에 펼쳐 놓고 기도했다. 히스기야왕은 위기의 순간에 선택할 수 있는 여러 대처 방법이 있었지만, 제일 먼저 하나님의 성전에 올라가서 고통스러운 문제의 보따리를 풀어 그것들을 하나님의 손에 올려 드렸다. 성전에 올라가서 편지를 펼쳐 보였다는 것은 하나님께 모든 무거운 짐을 맡겨 드렸음을 의미한다. 이처럼 고난은 신앙의 질적 수준을 명료하게 하고, 신앙의 성숙도를 증명한다.

우리는 하나님 앞에 몸만 나아갔다가 돌아가는 신앙생활을 하는 것이 아니라, 몸과 마음을 주님께 온전히 드리는 삶을 살아야 한다. 하나님은 그분의 자녀들이 삶의 무거운 짐을 스스로 짊어지고 있기를 원하지 않으신다. 사람들은 자신에게 도움을 요청하는 사람들을 부담스러워하지만, 하나님은 정반대의 반응을 보이신다. 우리가 하나님께 도움을 요청하지 않고 자신의 힘으로만 살아가고자 할 때 하나님은 역사하지 않으신다. 하나님은 그분께 끊임없이 도움을 요청하는 사람들을 기뻐하신다.

어느 택시 기사가 시골 마을에 손님을 모셔다 드리고 빈차로 돌아가던 중에 있었던 일이다. 할머니 한 분이 읍내에 나가서 팔 물건들을 보따리에 잔뜩 싸서 머리에 이고 끙끙거리며 걸어가고 있었다. 그 광경을 본 택시 기사가 "할머니, 어디까지 가세요? 요금 안 받을 테니까 타세요"라고 친절을 베풀었다. 그렇게 할머니를 태우고 한참을 운전해서 가는데 뒷좌석에서 자꾸 끙끙거리며 앓는 소리가 났다. 기사가 거울로 뒤를 봤더니 할머니가 계속 머리에 짐을 이고 있는 것이 아닌가. 그래서 힘들게 왜 그러시냐고 물었더니, 그 할머니가 이렇게 답했다고 한다. "기사 양반, 내 한 몸 태워 준 것만도 고마운데, 어떻게 짐까지 맡길 수 있겠소?"

우리도 교회에 나올 때 자녀 문제, 배우자 문제, 건강 문제, 물질 문제 등 인생의 무거운 짐을 보따리에 잔뜩 싸서 짊어지고 온다. 가지고 온 그 무거운 짐을 하나님께 모두 맡겨드리는 것이 바로 믿음이다. 그러나 오늘날 많은 사람이 문제 보따리를 지고 와서 하나님 앞에 잠시 풀어 놓았다가 다시 주섬주섬 싸서 짊어지고 집으로 돌아가는 모습을 반복하고 있다.

당신은 어려움 앞에서 어떤 태도를 취하고 있는가? 히스기야처럼 하나님의 성전을 향하고 있는가? 그리고 하나님 앞에 내 삶의 문제 보따리를 펼쳐 보이고 있는가? 히스기야 왕은 누구보다 의지할 것이 많았지만, 모든 문제의 해결자는 하나님이심을 믿고 하나님만을 의지했다. 전쟁의 승리가 군대의 병력에 있지 않음을 굳게 믿었던 것이다(시 33:16). 그래서 그는 인생 최고의 위기 순간에 하나님의 성전을 향할 수 있었다.

인류의 역사를 자세히 살펴보면 하나님을 잘 믿는 민족에게 세계를 움직이는 리더십이 허락되어 왔다. 그러므로 창조주 하나님 앞에 겸손하게 나와서 예배드리는 일을 간과하면 안 된다. 전쟁의 승리는 하나님의 손에 있다는 것을 인정해야 한다.

인생의 생사화복이 하나님의 손에 달려 있다. 오늘날 과학과 물질문명의 발달로 인해 사람의 힘으로 대단한 것을 이룰 수 있다고 생각하지만, 이것은 큰 착각이다. 이 세상에는 내 힘으로는 도저히 해결할 수 없는 일들이 너무나도 많다. 자녀 양육도, 부부 관계도 마음대로 되지 않는다. 우리도 히스기야처럼 위기와 고난을 만날 때 내 힘으로 할 수 없음을 인정하고 하나님의 도우심을 구해야 한다.

히스기야왕이 나라를 평탄하게 했을 때 앗수르의 침략을 받게 되었다. 당시 앗수르 민족이 주전 722년 북이스라엘을 함락시킨 후 남유다까지 집어삼키기 위해 히스기야왕이 통치하는 남유다를 침공한 것이다. 이는 영적으로 보면, 불신 세력이 믿음의 공동체를 집어삼키려는 전쟁이었다.

인생은 전쟁이다. 다윗과 골리앗의 싸움이나 다니엘과 바벨론 정적들의 싸움처럼, 예수님을 십자가에 못 박으려던 악한 세력이 오늘날에도 계속해서 믿음의 공동체를 위협하고 있다. 성경은 영적 전쟁에 관해 분명히 증언한다.

"우리의 씨름은 혈과 육을 상대하는 것이 아니요 통치자들과 권세들과 이 어둠의 세상 주관자들과 하늘에 있는 악의 영들을 상대함이라"(엡 6:12).

다니엘 10장 13절도 바사(페르시아) 왕국의 군주로 표현된

악한 영적 세력이 하나님의 메시지를 다니엘에게 전달하려
는 미가엘 천사장을 막는 모습을 증언하고 있다. 그러나 결
국 다니엘의 세 이레 기도가 끝나는 날, 그 세력이 깨어져 메
신저가 다니엘에게 도착하게 된다.

그리스도인이 영적 전쟁에 관해 무지하면 어둠의 세력에
게 속을 수 있다. 히스기야가 신앙 공동체를 무너뜨리려는
앗수르의 침략 앞에 기도로 맞선 것처럼, 오늘날 우리도 신
앙과 기도로 영적 싸움에서 반드시 이겨야 한다(막 9:29).

영적 전쟁은 이미 이긴 싸움을 싸우는 것이다. 이미 예수
님이 죽음과 사탄의 권세를 깨뜨리고 부활하셨기 때문에 예
수님을 믿는 믿음 안에 있는 그리스도인들은 예수님의 승리
를 누릴 수 있는 것이다(고전 15:57).

믿음의 기도는 모든 문제의 마침표다

남유다를 집어삼키기 위한 앗수르의 침략 앞에 히스기야
와 이사야 선지자는 하나님께 기도를 드렸고, 하나님은 그
기도를 들으셨다. 하룻밤에 18만 5천 명이나 되는 앗수르 군
대를 몰살시키신 것이다(왕하 19:35). 하나님은 믿음의 사람의
기도를 통해 기적적인 역사를 이루신다. 이처럼 기도는 만사

를 변화시키고 성취시킨다. 기도보다 더 큰 영향력을 끼치는 것은 없다.

여호수아의 기도는 태양도 멈추게 했다(수 10:12-13). 마찬가지로 히스기야의 기도는 하나님의 전능한 손길을 움직이게 했다. 기도 없이는 되는 일이 아무것도 없고, 기도로는 못할 일이 아무것도 없다. 믿음의 기도는 태산도 옮긴다. 빌리 그레이엄은 "아침의 기도는 하나님의 은혜와 축복의 보물창고를 여는 열쇠이고, 저녁의 기도는 하나님의 보호와 돌보심을 위해 닫는 자물쇠"라고 했다.

우리는 기도로 모든 닫힌 문을 열 수 있다(계 3:7). 기도는 모든 것을 가능하게 하시는 하나님의 능력을 끌어오는 원동력이다. 기도 없이는 아무 일도 일어나지 않지만, 기도는 인간의 기대와 상상을 뛰어넘는 열매를 보게 한다. 기도하는 사람은 전지전능하신 하나님의 능력을 확신하는 사람이다. 믿음의 기도는 모든 문제의 마침표를 찍게 하므로 기도하는 사람을 이길 수는 없다.

더불어 함께 기도할 때 일어나는 역사

"¹⁹ 진실로 다시 너희에게 이르노니 너희 중의 두 사람이 땅에서 합심하여 무엇이든지 구하면 하늘에 계신 내 아버지께서 그들을 위하여 이루게 하시리라 [20] 두세 사람이 내 이름으로 모인 곳에는 나도 그들 중에 있느니라"(마 18:19-20).

예수님의 말씀처럼 합심 기도에는 위력이 있다. 품앗이처럼 더불어 함께 기도하며 하나님 앞에 마음의 보따리를 활짝 열고, "하나님, 살려 주세요. 우리 자녀들을 살려 주세요. 우리 가정과 교회를 살려 주세요" 하며 하나님을 찾으며 나아갈 때 역사가 일어난다. 기도할 때 하늘의 문이 열리는 것이다.

내가 섬기던 교회의 한 권사님이 갑자기 뇌출혈로 쓰러지셨다. 급히 대학병원에서 수술했지만 50대 초반인 권사님의 상태는 매우 좋지 못했고 며칠 못 살 것이라는 진단이 나왔다. 남편 집사님이 특별 기도 요청을 했다. 간절한 마음으로 하나님께 매달리는 수밖에 없었다.

새벽기도 때마다 권사님이 처한 상황을 성도들에게 알리고 함께 기도하자고 했다. 새벽에 합심 기도를 시작한 지 며칠 지나자 중환자실에서 깨어나지 못하시던 권사님의 손가락이 움직이기 시작했다. 권사님이 속한 여전도회에서도, 남편 집사님이 속한 남전도회에서도 모이면 기도하고, 모이지 않아도 기도하는 시간을 따로 정해 계속 기도했다. 5주 정도 지났을 때 권사님과 영상 통화를 했는데, 권사님이 나에게 손을 들어 보이기까지 했다. 감사의 인사 같았다. 하나님의 역사가 아니면 일어날 수 없는 일이었다.

　기도하면 된다. 결국은 기도하는 사람이 이긴다. 기도하는 가정과 교회가 이긴다. 기도는 축복을 여는 열쇠요, 저주의 권세를 막는 자물쇠다. 우리 인생의 어려움과 고난의 문제를 하나님께 모두 맡겨 드리기를 축복한다.

하나님은 믿음의 사람의 기도를 통해
기적적인 역사를 이루신다.
기도는 만사를 변화시키고 성취시킨다.

8
기다리고 기다리면
반전된다

기다리고 기다렸더니

시편 40편은 다윗의 시로서, 그의 삶 속에서 가장 힘들고
어려웠던 시기에 하나님의 도우심으로 극적으로 구원받은
일을 감사하는 찬양 시이다.

"¹ 내가 여호와를 기다리고 기다렸더니 귀를 기울이사 나의 부
르짖음을 들으셨도다 ² 나를 기가 막힐 웅덩이와 수렁에서 끌어
올리시고 내 발을 반석 위에 두사 내 걸음을 견고하게 하셨도다
³ 새 노래 곧 우리 하나님께 올릴 찬송을 내 입에 두셨으니 많은

사람이 보고 두려워하여 여호와를 의지하리로다 [4] 여호와를 의지하고 교만한 자와 거짓에 치우치는 자를 돌아보지 아니하는 자는 복이 있도다 [5] 여호와 나의 하나님이여 주께서 행하신 기적이 많고 우리를 향하신 주의 생각도 많아 누구도 주와 견줄 수가 없나이다 내가 널리 알려 말하고자 하나 너무 많아 그 수를 셀 수도 없나이다"(시 40:1-5).

이 시에서 흥미로운 구절은 1절의 "기다리고 기다렸더니"라는 말씀이다. 이는 다윗이 겪은 고통의 시간이 짧지 않았음을 알려 주는 표현이다. 다윗은 위대한 하나님의 사람이자 믿음의 용장이었다. 그런 그의 삶에 말할 수 없는 고통의 시간이 오랫동안 계속되었다는 사실은 역설적이기까지 하다.

다윗은 하나님으로부터 "내 마음에 맞는 사람"(행 13:22)이라고 인정받은 믿음의 사람이었기 때문에, 그가 겪은 긴 고통의 시간은 평범한 사람들의 생각으로는 잘 이해되지 않는다. 이러한 까닭에 다윗이 고통을 당하며 몸부림치던 중 하나님을 만나 기적을 경험한 내용을 담은 이 시편이 우리에게 주는 감동과 교훈은 더더욱 크고 깊다.

시편 40편에 다윗이 어떤 고통을 당했는지는 정확하게 묘사되어 있지 않다. 고통의 내용이 구체적으로 묘사되어 있지 않다는 것은 이 고통이 특정한 소수의 사람들에게만 국한되지 않는다는 의미다. 누구나, 언제, 어디서든지 겪을 수 있는 보편적인 고통을 뜻한다. 또한 다윗이 하나님의 도우심으로 극적으로 이 고통에서 구원을 받은 것처럼, 모든 인생이 고통의 상황에서 다윗처럼 주님을 의지할 때 동일한 기적을 경험할 수 있다는 약속이 내포되어 있다.

고통은 예외 없이 누구에게나 찾아오는 불청객인 동시에 과외 선생님이다. 그러므로 우리는 고통을 부정적으로만 바라볼 것이 아니라, 고통이 우리에게 주는 유익과 교훈을 생각해야 한다.

간절한 기도로 기다릴 수 있었다

다윗의 고통과 고난의 기간은 길었다. 1절에서 보듯, 다윗은 길고 긴 시간을 인내로 기다렸다. 다윗은 열다섯 살 무렵에 사무엘 선지자를 통해 왕으로 기름 부음을 받았다. 이후 골리앗을 물리친 사건과 블레셋과의 전투에서 큰 공을 세운 일로 백성이 "사울이 죽인 자는 천천이요 다윗은 만만이로 다"(삼상 18:7)라고 노래하며 다윗을 사울왕보다 더 크게 인정했다. 이때부터 사울의 질투와 살해 위협이 시작되었고, 다윗은 광야에서 길고 긴 도피 생활을 해야 했다.

사무엘상 19-31장에 상세하게 기록되어 있듯이, 다윗의 도피 여정은 스무 살이 되던 해(주전 1020년)부터 시작되어 헤브론에서 30세에 왕이 되던 해(주전 1010년)까지 10년 동안이나 계속되었다.

처음 3년 동안의 1차 도피 행로는 라마에서 시작되어 놉, 가드, 아둘람 굴, 모압 미스베, 요새, 헤렛 수풀까지 계속되었다. 다음 3년 동안의 2차 도피 행로는 그일라에서 십 광야, 엔게디 황무지, 바란 광야, 마온 광야, 갈멜 황무지로 이어졌다. 이때는 그일라를 제외하고는 대부분이 황무지, 즉 광야였다. 그는 이곳에서 매일 피 말리는 두려움과 고독, 그리고 동족의 밀고를 통한 상처 등 뼈저린 좌절의 고통을 견뎌야했다. 하지만 다윗은 하나님의 보호하심 없이는 하루도 살아갈 수 없는 광야에서 무엇을 하든지, 어디를 가든지 하나님께 여쭙고 그분의 뜻을 따르는 신앙의 삶을 배웠다.

이 기간에 다윗에게는 무고한 자신을 죽이고자 하는 사울왕을 두 번 죽일 수 있는 기회가 주어졌다. 하지만 다윗은 하나님을 경외하는 자였기에 하나님이 기름 부으신 자를 죽일 수 없다는 생각으로 사울왕을 죽이지 않았다.

마지막 4년 동안의 3차 도피 행로는 가드에서 시글락까

고난을 넘다

지 이어졌다. 이때에도 다윗은 고난으로 가득한 광야의 시간을 계속 보내야 했다. 광야에서 도피 생활을 하는 동안, 다윗을 죽이고자 하는 사울의 특수 부대 3천 명의 추격은 계속되었다. 스토커 한 명이 쫓아다니며 괴롭혀도 극심한 불안감에 시달리며 편히 잠을 이루지 못할 텐데, 다윗은 3천 명에게 쫓기며 10년의 기간을 보냈다. 하지만 하나님은 고도로 훈련된 추격조가 포위망을 좁혀 올 때마다 기적적으로 피할 길을 예비해 보호하시며 다윗을 살려 주셨다.

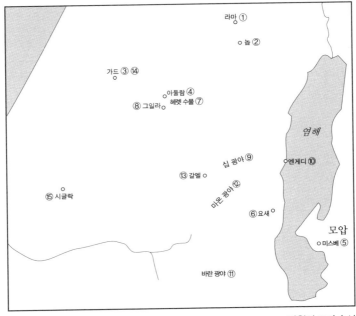

다윗의 도피 순서

PART 2 신앙은 위기와 고난의 때에 더욱 빛난다

10년이면 강산이 변한다는 말이 있다. 절대 짧지 않은 시간 내내 다윗은 여러 번 이동했다. 하지만 다윗은 이 기간을 통해 신앙과 순종을 배울 수 있었고, 왕으로서의 정치적·군사적 리더십을 쌓을 수 있었으며, 백성을 다스리는 지혜도 배울 수 있었다. 또한 밑바닥 생활을 통해 백성의 삶을 이해하는 넓고 깊은 인격의 소유자가 될 수 있었다.

"환난당한 모든 자와 빚진 모든 자와 마음이 원통한 자가 다 그에게로 모였고 그는 그들의 우두머리가 되었는데 그와 함께한 자가 사백 명가량이었더라"(삼상 22:2).

이 말씀에서 알 수 있듯이, 사실 광야에 있는 다윗에게 몰려든 사람들은 갈 곳이 없어 광야를 방황하던 인생의 낙오자들이었다. 그런데도 다윗은 다듬어지지 않은 원석과 같은 거친 인생들을 넓은 가슴으로 품어 주었으며, 훗날 그들은 다윗을 왕으로 세우는 지지 기반이 되었다. 이처럼 다윗에게 리더십이 주어진 장소가 바로 광야였다.

누구든지 자신의 삶에서는 고통과 고난의 기간이 짧기를 소원한다. 다윗의 입장에서 광야 10년은 하루하루가 인내의 한계치를 뛰어넘어야 하는 극심한 고난의 연속이었을 것이다. 그러나 고난의 길이만큼 하나님이 예비하신 축복도 컸다.

하나님은 다윗을 그토록 사랑하셨지만, 고통의 긴 시간 동안 다윗의 울부짖음에 침묵하시는 것 같았다. 하지만 결국 다윗은 하나님이 자신의 부르짖음에 귀를 기울이시고 듣고 계셨음을 깨닫게 되었다. 다윗은 길고 긴 고통의 시간 동안 하나님께 간절히 부르짖는 기도로 어려움을 극복해 나갔다(시 40:1). 다윗은 수동적이고 소극적으로 기다린 것이 아니라, 능동적이고 적극적으로 기다렸다.

믿음의 사람의 현주소는 고난을 통해 검증된다. 다윗의 기다림이 계속 반복되었다는 것은 그의 간절한 기도도 계속되었다는 의미다. 누구나 한두 번은 쉽게 기도할 수 있지만, 끊임없이 포기하지 않고 기도하는 것은 쉽지 않다. 왜냐하면 사람은 자신이 원하는 때에 자신이 원하는 모습으로 어떤 일이 이루어지지 않으면 쉽게 낙심하기 때문이다.

하나님을 신뢰할 때 인내할 수 있다

다윗이 긴 고난의 시간 동안 인내로 기도할 수 있었던 것은 하나님을 바로 이해하고 그분의 성품을 신뢰했기 때문이다. 자기감정과 의지만으로는 광야에서 10년을 버틸 수 없었을 것이다. 다윗은 자신이 이해하고 믿는 하나님의 성품에 대한 확신을 흔들리지 않는 신앙의 기반으로 삼았다.

다윗이 믿고 확신한 하나님의 성품은 바로 하나님은 신실하시며, 약속을 지키시고, 믿음의 기도에 반드시 응답하시며, 인생의 생사화복을 주관하시는 분이고, 저주를 바꾸어 복이 되게 하시는 분이라는 것이다.

"나의 앞날이 주의 손에 있사오니 내 원수들과 나를 핍박하는 자들의 손에서 나를 건져 주소서"(시 31:15).

하나님은 모든 인생을 그분의 섭리 아래 인도하고 주관하신다. 사람은 자신의 철학과 가치관과 신념에 근거하여 행동한다. 다윗은 하나님을 바로 알고 이해하였기에 그 긴 시간 동안 무너지지 않고 끝까지 인내할 수 있었다. 다윗은 인내로 기다리고 기도하며 그 고통의 시간을 극복해 나갔다. 다윗이 신앙과 기도의 힘으로 말할 수 없는 고통을 이겨 낸 것처럼 우리에게도 고통이 찾아온다면 누구든지 신앙과 기도의 힘으로 극복할 수 있다.

기도는 하나님과의 신비한 영적 소통이다. 기도는 하나님 아버지의 마음을 알게 하는 '하늘 교실'이기도 하다. 기도는 하나님의 생명력과 능력이 공급되는 '파워 센터'다. 기도하는 사람은 점점 더 견고한 사람으로 단련되고, 바람에 흔들릴지언정 뿌리째 뽑히지는 않는다.

인생을 살아가면서 때로는 실망할 수 있지만, 기도의 사람은 절망이 그의 삶에 집을 짓도록 허락하지는 않는다. 믿음의 사람은 기도를 통해 절망의 집을 깨부수고 불사르며, 더 나아가 희망의 집을 짓는다.

> "³ 다만 이뿐 아니라 우리가 환난 중에도 즐거워하나니 이는 환난은 인내를, ⁴ 인내는 연단을, 연단은 소망을 이루는 줄 앎이로다"(롬 5:3-4).

'연단'은 일반적으로는 엄격한 시험 또는 혹독한 시련을 통과하는 것을 의미한다. NIV 성경은 연단을 'character'(성품)라고 번역했는데, 이는 연단을 통해서 우리의 성품이 변화되기 때문이다. 용광로에서 금이 여러 번 단련을 거쳐 순금이 되어 나오는 것처럼, 성도는 여러 가지 시험과 환난을 참고 견딤으로써 정화되고 견고해지며, 주님을 닮은 인격으로 변모하게 된다.

언젠가 포항제철을 방문했을 때 두꺼운 쇳덩이가 종이처

럼 얇은 금속 제품으로 만들어지는 과정을 본 적이 있다. 육중한 쇳덩이가 수천 도가 넘는 용광로에서 녹아 쇳물이 되었다가 다시 냉각수에 들어가는 공정이 반복되면서 매우 견고하면서도 얇은 철판이 만들어진다. 하나님은 우리를 단련시키실 때 어려움이 반복되는 시간을 통해 하나님만 의지하는 법을 배우게 하신다.

다윗은 기나긴 고난 속에서 "내가 여호와를 기다리고 기다렸더니 … 나의 부르짖음을 들으셨도다"(시 40:1)라고 고백했다. 다윗은 고난의 무게와 길이 뒤에 숨지 않고 자기 인생의 도움은 여호와 하나님이심을 확신했던 것이다. 그래서 사람의 도움이 아니라, 여호와 하나님의 도우심을 기다리고 또 기다렸다.

다윗은 나이가 어렸어도 신앙의 철이 일찍 들었다. 그는 사람이 자신에게 해 줄 수 있는 것은 너무 미미하다는 사실을 깨달았다. 그래서 시련의 한복판에서 오직 하나님만을 의지하고 또 의지했다. 하나님은 다윗의 이런 모습을 사랑하셨다.

'하나님도'와 '하나님만'은 한 글자 차이가 아니라, 하늘과 땅 차이다. 많은 사람이 세상과 사람 그리고 '하나님도' 의지하려 하지만, 다윗은 오직 '하나님만' 의지했다. 하나님은 다윗에게 어떠한 상황에서도 하나님만 도움이시고, 하나님만

방패가 되시며, 하나님만 구원이시고, 하나님만 힘과 능력이 되심을 알게 하셨다.

인생의 궁극적인 도움은 하나님만 주신다. 다윗은 고난을 하나님과 자신의 관계를 더욱 견고하고 분명하게 정립하는 계기로 삼았다. 다윗은 고통의 한복판에서 '나'를 도와주실 분이 하나님밖에 없음을 깨달았다. 당신은 어려울 때 누구를 찾는가? 하나님은 '내가' 하나님을 찾기를 원하신다. 하나님은 '내가' 기도하는 음성을 듣기 원하신다. 하나님은 '내' 발걸음으로 '내가' 하나님 앞에 나아오기를 바라신다.

다윗은 어려움을 겪고 있을 때 자신이 혼자가 아니라, 하나님이 어린아이와 대화하듯이 자신과 눈높이를 맞추시고 도움의 손길로 붙들어 주며 함께하신다는 사실을 깨달았다. 인간적인 생각으로는 금방 왕위에 오르고 정적들이 순식간에 몰살되어야만 하나님이 도와주신다고 여길 수 있다. 그러나 하나님의 계획과 인간의 계획은 다르다. 하나님은 3천 명의 추격을 10년 동안 허락하셨지만, 매 순간 다윗을 붙들어 주셔서 추격조에게 잡히지 않고 위기를 피하도록 도우셨다.

하나님은 하나님의 백성이 고통 중에 울부짖으며 기도할 때 침묵하지 않으신다. 허리를 구부려 낮은 데를 보살피듯이 주님의 자녀들에게 더욱 가까이하셔서 그들의 기도를 들으시고 손을 뻗어 붙들어 주신다. 비록 우리 삶에 원하는 환경이 다 펼쳐지지 않았다고 할지라도 다윗의 기도를 들으신 하나님이 여전히 우리의 울부짖는 기도 또한 들으시고 응답하신다는 사실을 믿어야 한다.

기다리고 기다리는 신앙으로 이겨 내라

다윗의 고난은 "기가 막힐 웅덩이와 수렁"(시 40:2)으로 표현되었다. 다윗은 한두 사람이 아닌 수많은 사람으로부터 고통을 받았으며, 그의 목숨이 위험한 지경까지 이르렀다.

'수렁'은 빠져나오려고 할수록 더 깊이 들어가는 죽음의 장소다. 하나님은 다윗이 이러한 경험들을 하게 하셨다. 자신의 힘을 의지할수록 더욱 빠져드는 수렁과 같은 상황 속에서 다윗은 하나님께 부르짖을 수밖에 없었다.

다윗이 하나님의 마음에 맞는 사람이었음에도 그의 인생 길에 '기가 막힐 웅덩이와 수렁'이 있었다는 사실은 의미심장하다. 수렁이나 진흙탕에 빠지면 계속 발버둥치지 말고 몸에 힘을 빼야 깊이 빠져들지 않게 된다. 당신도 어떤 고난의 상황 속에서 스스로 해결해 보려고 발버둥치다가 더 깊이 꼬이는 경우를 경험해 봤을 것이다. 고난은 우리 자신이 할 수 있는 일이 별로 없음을 깨닫는 시간이기도 하다.

반전 드라마의 축복은 기도하는 사람에게만 주어진다. "나를", "내 발을", "내 걸음을", "내 입에"라는 표현은 다윗이 전적으로 하나님을 의지했음을 보여 준다(시 40:2-3). 자기 힘으로는 도저히 빠져나올 수 없는 수렁에 빠졌다면 다윗처럼 간절한 어조로 도움을 구해야 한다. 하나님만 의지하며 계속해서 부르짖어 기도하면서 기다리고 또 기다리면 반전 드라마가 펼쳐지는 것이다.

'들으시는 하나님'은 응답하시는 하나님이다. '끌어 올리시는 하나님'은 해결하시는 하나님이다. '내 발을 반석 위에 두사 내 걸음을 견고하게 하시는 하나님'은 극복하게 하시는 하나님이다. '새 노래를 부르게 하시는 하나님'은 우리로 하여금 감사와 기쁨의 찬송을 부르게 하시고, 간증이 있는 삶으로 구원과 회심의 열매를 맺게 하신다.

우리의 인생길이 힘들지라도 그 힘든 상황에 눌려서는 안 된다. 기다리고 또 기다리는 신앙으로 부르짖어 기도하면서 하나님만 바라보고 의지해야 한다. 어려울 때일수록 살아 계신 하나님만 바라보며 당당히 나아갈 때 기도를 들으시는 하나님이 그분의 때에 그분의 방법으로 순식간에 상황을 역전시켜 주실 줄 믿는다.

9

하나님은
작은 거인을 빚으신다

하나님이 눈을 열어 주실 때 보이는 진짜 나

요셉을 생각하면 '작은 거인'이라는 단어가 떠오른다. 이는 요셉의 모습이 작거나 그가 이루어 낸 일이 작기 때문이 아니다. 오히려 그가 이루어 낸 일과 영향력은 위대한 거인의 발자국을 연상시키지만, 아무도 요셉의 미래가 이와 같을 것이라고 예상하지 못했기 때문이다. 이런 관점에서 요셉을 작은 거인으로 불러도 이상하지 않다.

가족은 서로의 성격이나 기질, 재능이나 그릇을 숨김없이 알게 되는 공동체다. 가족끼리 함께하는 시간이 많고 각자의 일거수일투족을 공유하기 때문이다. 그러나 요셉의 형들은 한결같이 요셉이 큰 그릇임을 알아보기는커녕 오히려 하나님의 꿈을 꾸고 그 꿈을 고백하는 요셉을 비아냥거리고 홀대했다. 심지어 요셉을 죽이려고까지 계획했다. 이처럼 가족은 가장 가까운 사이이기에 정이 쌓이기도 하지만, 다른 한편으로는 서로에게 큰 상처를 주고받을 수도 있는 관계다.

인류 최초의 살인사건은 인류 최초의 가정에서 일어났다. 가인이 아벨을 죽인 사건이 그것이다(창 4:8). 입다는 그의 형들에 의해 쫓겨났고(삿 11:2), 다윗은 왕으로 세워질 때 가족으로부터 소외되기도 했다. 사울왕을 대신할 왕을 세우고자 하나님이 사무엘을 이새의 집에 보내셨을 때 다윗의 아버지 이새뿐 아니라 그의 일곱 형도 다윗이 왕이 될 것이라고는 상상하지도 못했다(삼상 16:10-13). 마찬가지로 요셉의 꿈을 들은 형들은 요셉의 꿈을 믿지도 않았고, 요셉이라는 이름 대신 '꿈꾸는 자'라고 부르며 오히려 조롱했다. 형들은 동생 요셉에게 요즘 말로 "개꿈 꾸고 있네!"라고 하며 그를 철저히 무시했던 것이다.

형들의 눈에는 열한 번째 동생 요셉이 하찮게만 보였을 것이다. 그들은 요셉 속에 있는 하나님의 위대한 계획과 비전을 보지 못했기 때문이다. 사실은 요셉의 부모조차도 그의 미래를 바로 알지 못했다. 우리가 살고 있는 현대에 요셉이 살아가고 있다면, 우리 중에도 요셉의 형들처럼 그를 홀대하거나 하찮게 여기는 이들이 많을 것이다. 요셉 안에 잠자고 있는 거인을 알지 못하기 때문이다.

요셉의 주인이었던 보디발의 아내도 요셉을 바로 알지 못했다. 자신이 미래에 남편의 상전이 될 사람을 유혹하고 있는 줄 알지 못했던 것이다. 또한 보디발은 요셉이 얼마나 진실하고 순수한 사람이며, 자신을 위해 얼마나 충성하는지를 알지 못했다. 그렇기에 자세한 조사 과정 없이 요셉을 감옥에 집어넣어 버린 것이다. 요셉이 감옥에서 만난 술 맡은 관원장도 요셉의 미래를 알지 못했기에 요셉과의 약속을 가벼이 여겼다.

이처럼 우리의 눈이 열리지 않으면, 자기 주변에 있는 사람의 실체를 정확히 알 수 없다. 하지만 하나님이 우리의 눈을 열어 주실 때 우리는 놀라운 것을 볼 수 있게 된다(시 119:18). 우리의 눈이 열리면 우리 주위 사람들 안에 잠자고 있는 거인을 보게 된다.

우리의 마음은 변화를 받아야만 비로소 은혜로 눈이 열리고, 하나님의 계획 가운데 창조된 자신과 주변 사람들의 존재를 바로 볼 수 있게 된다. 기드온이 미디안 족속의 눈을 피해 소심하게 숨어서 밀을 타작했지만, 하나님이 보내신 천사는 그를 '큰 용사'라고 불렀던 것처럼 말이다(삿 6:12).

하나님은 이미 우리를 요셉과 같은 거인으로, 기드온과 같은 큰 용사로 만들어 주셨다. 다만 인간의 죄성 때문에 주변 사람들을 그렇게 보지 못할 뿐이다. 그러므로 우리는 지금까지 내 주변에 있는 작은 거인들을 알아보지 못해 홀대하고 상처를 주지는 않았는지 돌아보고 회개할 수 있어야 한다. 아울러 작은 거인들을 알아볼 수 있는 눈이 열려야 한다.

작은 거인은 한계의 담을 뛰어넘는다

" 22 요셉은 무성한 가지 곧 샘 곁의 무성한 가지라 그 가지가 담을 넘었도다 23 활 쏘는 자가 그를 학대하며 적개심을 가지고 그를 쏘았으나 24 요셉의 활은 도리어 굳세며 그의 팔은 힘이 있으니 이는 야곱의 전능자 이스라엘의 반석인 목자의 손을 힘입음이라 25 네 아버지의 하나님께로 말미암나니 그가 너를 도우실 것이요 전능자로 말미암나니 그가 네게 복을 주실 것이라 위로 하늘의 복과 아래로 깊은 샘의 복과 젖먹이는 복과 태의 복이리로다 26 네 아버지의 축복이 내 선조의 축복보다 나아서 영원한 산이 한없음같이 이 축복이 요셉의 머리로 돌아오며 그 형제 중 뛰어난 자의 정수리로 돌아오리로다"(창 49:22-26).

작은 거인은 담을 넘는 가지와 같다. 여기에서 '담'은 자기 인생길을 가로막는 장애물이나 한계를 의미한다. 사람은 끊임없이 자기 한계를 마주하게 되지만, 그 한계는 누군가에 의해서 그려지거나 정해진 것일 뿐이다. 하나님은 우리에게 한계 안에 머물라고 하신 적이 없다. '담'은 하나님이 설정해 두신 것이 아니다. 오히려 "내게 능력 주시는 자 안에서 내가 모든 것을 할 수 있느니라"(빌 4:13)라고 고백하게 하신다.

사탄은 우리가 담 안에 안주하며 머물기를 원한다. 사탄은 끊임없이 우리를 담 안에 머물게 해서 하나님의 능력을 발휘하지 못하도록 방해한다. 사탄은 주변 사람들을 사용하기도 하고, 거짓으로 속삭이기도 하면서 한계의 담을 우리 안에 설정한다. 그로써 우리로 하여금 자신의 한계라는 담을 심리적으로 내밀화하고 존재하게 하여 그 담 안에 갇히게 한다.

과거에는 우리나라 국가대표 선수들이 국제 경기에서 금메달이 아닌 은메달 또는 동메달을 딴 후 시상식에서 우는 모습을 종종 보았다. 사실 세계 2등, 3등은 매우 자랑스러운 성과다. 따라서 1등만 조명받고 대우받는 문화는 성숙하지 못하다. 다행히 요즘에는 등수에 관계없이 최선의 노력에 박수치는 사회가 되었다. 우리는 실수나 실패를 용납하는 사회를 조성해 가야 한다. 토마스 에디슨은 만 번의 실패 끝에 전구를 발명해 냈다. 우리 역시 한 번의 실수나 실패로 담 안에 머무르거나 좌절해서는 안 될 것이다.

담이 실재하지 않는데도, 사탄은 담이 실재한다고 믿도록 우리 안에서 역사한다. 사탄은 요셉의 형들을 사용해 끊임없이 요셉의 내면에 한계의 담을 세우려고 시도했다.

요셉의 형들은 요셉을 시기하고 질투했다. 하지만 사람은 누구나 축복의 대상이기 때문에, 이 세상에는 깎아내려도 되는 사람은 한 명도 없다. 게다가 하나님은 이 세상 누구에게도 비난할 자격을 주지 않으셨으므로, 우리는 그 누구의 시기와 질투라는 담 또한 뛰어넘어야 한다.

담은 어려운 환경을 의미하기도 한다. 요셉은 노예로 팔려 갔고, 감옥에서도 수년 동안 살아야 했다. 요셉이 돌파해 나가기에는 너무나 절망적인 환경의 담이 그 앞에 놓여 있었다. 그렇기에 그는 얼마든지 담 안에 안주하거나 실의에 빠져 있을 수도 있었다. 그러나 요셉은 어려운 상황과 환경의 담보다 하나님을 크게 보았다. 하나님을 의지하여 담을 넘는 꿈을 꾸었으며, 담 안에 꺾여서 쪼그리고 있기를 거부했다.

담은 넘어야 하고, 또 얼마든지 넘을 수 있다. 그것이 하나님의 선하시고 기뻐하시고 온전하신 뜻이다(롬 12:2). 이를 위해서는 우리의 어두워진 마음이 새롭게 되어야 한다.

작은 거인은 실패해도 다시 시도한다

요셉은 열한 번째 아들로 태어나 자랐기에 사람들의 눈에는 작은 존재로 보였다. 형들의 눈에도 요셉은 작은 몸집을 가진 힘없고 별 볼 일 없는 하찮은 존재였을 것이다. 실제로 그는 탈출할 수 없는 거대한 애굽의 담장 안에 갇힌 노예 신분이기도 했다. 보디발의 아내도 요셉을 자신의 노리갯감으로만 보았을 뿐, 그 안에 거인이 존재하고 있다는 사실을 알지 못했다.

반면, 요셉은 자기 속에 거인이 존재한다는 사실을 알았다. 하나님의 꿈은 잠자는 거인을 깨운다. 그래서 그는 고난에 꺾이지 않았고, 결국 그 꿈을 이루었다.

거인은 결코 밥으로만 살 수가 없다. 거인은 현재의 욕심과 내일의 꿈을 바꾸지 않는다. 거인은 꿈의 날개를 죄로 인해 꺾지 않으며, 수도 없이 다가오는 첩첩산중의 장애물들을 뛰어넘고자 계속 두드리면서 도전한다. 잠자는 거인이었던 요셉은 감옥에 있는 상황에서도 결코 포기하지 않았다. 술 맡은 관원장을 만나 자신의 억울함을 토로하면서 도움을 요청했고, 그로부터 2년이 지나도록 아무런 변화가 없었지만 계속해서 기도하면서 두드리고 기다렸다.

거인은 시간이라는 기다림의 담 앞에 풀이 꺾이지 않는다. 환난은 인내를, 인내는 연단을, 연단은 소망을 이루게 한다는 것을 확신함으로 기다림의 시간을 즐거워한다(롬 5:3-4). 요셉은 하루아침에 총리가 된 것이 아니다. 30세에 총리가 되었으니 자그마치 13년이나 기다려야 했다. 그럼에도 그는 꺾이지 않고 기도하면서 기다리고 또 기다렸다.

나뭇가지는 꺾이기 쉬운 매우 약한 존재다. 가지는 연약한 우리 인생과 같다. 그러나 살아 있는 나무의 가지는 담을 넘고자 시도하며, 설령 실패했다 할지라도 또다시 담 넘기를 시도한다. 가지는 담을 하루아침에 넘을 수는 없어도 조금씩, 조금씩 담 너머를 향해 올라가는 시도를 멈추지 않는다. 요셉은 소망이 없는 환경 속에 있었지만 그래도 담을 넘어가는 살아 있는 가지였다. 연약한 가지였지만 반석 되신 주님께 붙어 있었기에 꺾이지 않고 담을 넘어갈 수 있었다.

　작은 거인은 담을 넘어가는 무성한 가지다. 요셉은 담 너머 안전한 공간에서 열매를 맺은 것이 아니라, 담을 넘어가는 힘들고 고달픈 상황 속에서 많은 열매를 맺었다.

> "그가 요셉에게 자기의 집과 그의 모든 소유물을 주관하게 한 때부터 여호와께서 요셉을 위하여 그 애굽 사람의 집에 복을 내리시므로 여호와의 복이 그의 집과 밭에 있는 모든 소유에 미친지라"(창 39:5).

　작은 거인은 언제나 그를 만나는 사람과 환경을 복되게 한다. 이는 인생의 특정한 순간만이 아닌, 진행형의 생애 전 과정 속에서 일어난다. 요셉은 총리가 되기 훨씬 전인 어린 시절에도 아버지 편에서 자신에게 맡겨진 일을 성실히 해냈다. 노예로 팔려 가서도 맡겨진 일마다 뛰어나게 해 내 주인인 보디발의 모든 재산을 관장하게 되었으며, 억울하게 감옥에 갇혔을 때도 간수장의 눈에 띄었다. 하나님이 그와 함께하시는 것이 하나님을 모르는 보디발의 눈에도(창 39:3), 간수장의 눈에도 보였던 것이다(창 39:21-23).

작은 거인은 복을 흘려보낸다

작은 거인은 요셉처럼 자신의 주변을 복되게 하는 사람이다. 자신의 야망을 이루기 위해 주변 사람을 이용하는 사람이 아니라, 섬김과 희생으로 주변을 복되게 하는 사람인 것이다. 요셉을 만난 사람들은 모두 복을 받았다. 하나님은 우리 모두가 요셉과 같은 작은 거인처럼 살기를 원하신다.

거인은 사회적 지위가 높은 이도, 많은 것을 소유한 이도 아니다. 거인은 오로지 얼마나 많은 사람에게 복을 흘려보냈느냐로 평가된다. 요셉은 사람의 눈에는 작게 보였지만, 그는 거인이었다. 그리스도인들은 요셉과 같이 주변을 복되게 할 수 있어야 한다. 우리도 거인으로 부르심을 받았다면 얼마나 많은 사람에게 복을 흘려보냈느냐로 평가될 것이다. 나만 잘되는 것이 아니라, 얼마나 많은 영혼을 살리고 하나님이 주신 은혜와 축복을 얼마나 많은 곳에 흘려보내며 선한 영향력을 발휘했느냐가 중요하다.

어느 정도 높은 사회적 위치에 도달한 후에 영향력을 발휘하겠다는 태도는 성숙하지 못하다. 요셉은 노예 생활을 하는 비천한 상황에서도 무성한 열매를 맺었다. 하나님은 상급을 주실 때 우리의 이력서를 보시는 것이 아니라, 상황과 상관없이 양보하고 희생하고 섬기면서 얼마나 많은 복을 흘려보냈는지를 보신다는 사실을 기억하자.

한편, 작은 거인의 삶에는 많은 고난이 기다리고 있다(창 49:23). 많은 대적이 그의 앞길에 잠복해 있을 수도 있다. 작은 거인의 삶을 통해 놀라운 하나님의 일들이 성취될 것을 알기에, 사탄이 많은 사람을 통해 그를 꺾어 놓기를 시도한다.

그럼에도 작은 거인은 꺾이지 않는다. 그는 믿음의 사람이기 때문이다. 그는 생명수 되시는 주님 곁에 바짝 붙어서 주님을 의지한다(창 49:22). 작은 거인은 삶에 어려움이 가중될수록 주님을 더욱 가까이한다. 고달픈 노동의 현장에서도, 감옥이라는 억울하고 답답한 상황에서도 그는 주님을 더욱 간절히 찾는다. 작은 거인은 고난을 가져다주는 활 쏘는 사람들이나 환경을 두려워하지 않는다. 작은 거인처럼 장애물이 앞에 놓여 있어도 그 문제를 크게 보지 않고, 문제를 해결하시는 하나님을 크게 보기를 축복한다.

작은 거인은 하나님의 손을 힘입기에 힘이 있는 자다(창 49:24). 하나님을 자신의 목자로 삼고 그분의 인도하심과 보호하심을 덧입기 때문이다. 하나님은 목자이시다. 양은 목자 없이는 살아갈 수가 없다. 그러나 어떤 위험한 상황 중에도 목자의 음성을 듣고 바싹 따라가기만 하면 살 수 있다. 목자는 그의 양을 푸른 초장과 쉴 만한 물가로 인도하시며, 위험한 상황에서도 지키고 보호하신다(시 23:2-4).

하나님은 요셉의 목자셨다. 요셉은 목자 되신 하나님을 향한 굳은 신뢰가 있었기에 언제나 당당했고 꺾이지 않았다. 우리 역시 눈앞에 보이는 출세나 욕심 때문에 편법을 쓰지 말고 하나님만 의지하고 나아가야 한다.

마지막으로, 작은 거인은 마음 그릇이 큰 사람이다. 요셉은 그의 형들을 모두 용서했다(창 45:5). 작은 거인은 자신에게 주어진 힘을 원수를 갚는 데 남용하지 않고, 오히려 용서하는 편을 선택한다. 하나님이 어린 요셉을 이끌어 30세에 애굽을 경영하는 총리로 세우신 것을 보면 그는 과연 큰 그릇이었다. 나이는 어리고 연약하게 보였지만 하나님이 연단해서 세우신 것이다. 요셉은 장차 하나님이 그분의 꿈을 이루실 때를 기다리면서 어떤 상황에서도 꺾이지 않는 거인이었다.

주님이 항상 우리와 함께 계시기에 우리도 하나님 안에서 다 가진 사람이다. 우리는 하나님의 자녀이고, 우리에게는 예수 그리스도가 있으며, 하나님의 나라와 영원한 생명이 있다.

사람의 그릇은 다른 사람을 품는 크기에 비례한다. 마음의 크기만큼 사람을 품는다. 하나님은 그 사람의 분량만큼 그를 축복하신다(창 49:28). 전능하신 하나님의 손을 힘입으면 안 될 것이 없다. 그러므로 하나님 안에서는 누구나 거인인 줄 믿는다. 오늘의 작은 거인들이 모든 상황을 이겨 나가기를 축복한다.

10
기도가
인생길을 만든다

'아직' 갇혀 있을 때 들려오는 비전

예레미야는 하나님의 사람이자 선지자였다. 선지자는 하나님의 말씀을 있는 그대로 전해야만 한다. 전해야 하는 내용이 긍정적이고 희망적이면 있는 그대로 전하는 것이 어렵지 않겠지만, 정반대의 경우에는 하나님의 말씀을 대언하기가 쉽지 않다. 그러나 신실한 하나님의 선지자는 상황에 굴하지 않고 하나님의 말씀을 있는 그대로 전한다.

하나님이 예레미야 선지자에게 주신 말씀은 남유다의 심판에 대한 내용이었다. 예레미야가 하나님께로부터 메시지를 받았을 때는 이미 북이스라엘이 앗수르에게 패망(주전 722년)한 이후이며, 남유다도 풍전등화와 같은 상황에 직면했을 때였다. 심지어 영원할 것 같았던 앗수르 제국도 신흥 강국인 바벨론에게 패망(주전 626년)했을 즈음에 하나님이 예레미야에게 임하셔서서 유다 민족의 미래에 대한 예언의 메시지를 들려주셨다.

"¹예레미야가 아직 시위대 뜰에 갇혀 있을 때에 여호와의 말씀이 그에게 두 번째로 임하니라 이르시되 ² 일을 행하시는 여호와, 그것을 만들며 성취하시는 여호와, 그의 이름을 여호와라 하는 이가 이와 같이 이르시도다 ³ 너는 내게 부르짖으라 내가 네게 응답하겠고 네가 알지 못하는 크고 은밀한 일을 네게 보이리라"(렘 33:1-3).

눈물의 선지자로 불리는 예레미야는 예루살렘에서 북쪽으로 7km쯤 떨어진 시골 마을 아나돗 출신으로, 아비아달 제사장의 후손이었다. 하나님은 특정한 어느 지역의 사람을 선호하거나 비중을 두지 않으신다. 하나님 앞에 신실한 사람이라면 그가 어디에 있든지 찾아내어 세우고 사용하신다.

예레미야는 하나님의 부르심을 받았을 때 자신의 모습을

가리켜 "나는 아이라"(렘 1:6)라고 표현했다. 여기에서 '아이'라는 히브리어 단어가 10대 후반이나 20대 청년을 가리키는 표현인 것으로 보아, 예레미야는 나이가 어렸을 뿐 아니라 언변도 뛰어나지 않았던 것으로 보인다. 하나님이 이런 예레미야에게 시대의 메시지를 허락하신 까닭은 그의 순전함과 신실함 때문이었다.

기독교 역사를 보면, 20대에 일어난 인물들이 많다. 존 칼빈은 26세에 『기독교 강요』를 썼고, 빌리 그레이엄은 20대에 수많은 부흥 집회를 인도했으며, 헨리 무어하우스는 10대 후반부터 부흥회를 인도했다. 우리나라 '양화진 외국인 선교사 묘원'에 안장된 많은 선교사님들도 20대에 젊음을 바쳐 우리에게 복음을 전해 주고 이 땅에 뼈를 묻었다.

예레미야는 어렸지만 하나님의 명령에 그대로 순종하는 사람이었다. 그는 어떤 대가를 치르더라도 아랑곳하지 않고 실행에 옮겼다. 그는 썩은 허리띠를 사용하거나(렘 13장), 항아리를 깨뜨리거나(렘 19장), 소의 멍에를 메는 줄을 자신의 목에 걸고 다니면서(렘 27장) 하나님이 주신 심판과 경고의 메시지를 눈물로 전하는 데 신실했다.

하지만 이렇듯 하나님 앞에 신실하게 헌신한 예레미야 선지자를 기다리고 있는 것은 핍박과 고난이었다. 그는 왕과 백성들로부터 살해 위협을 받았으며, 차디찬 구덩이 속에서 여러 날을 견뎌 내야만 했다(렘 38장). 심지어는 시위대 뜰 같은 곳에서 자유를 빼앗긴 채 오랫동안 갇혀 있어야 했다(렘 33:1).

당시에 시위대 뜰은 수도방위사령부 내에 있는 감옥과 같은 곳이었다. 예레미야의 마음은 초조함과 답답함으로 가득했을 것이다. 하나님이 자신에게 주신 메시지를 긴급하게 전해야 한다는 마음에 붙들려 있었기 때문이다. 당시는 왕을 비롯한 이스라엘 백성이 예레미야에게 임한 하나님의 메시지를 받고 회개하지 않으면 크나큰 심판을 모면할 수 없는 상황이었다. 나라와 민족의 장래가 풍전등화와 같은 상황에 놓여 있는데 어떻게 평안을 누릴 수가 있겠는가.

예레미야는 남유다가 바벨론에게 망할 것이라는 메시지를 받았다. 애굽을 의지하지 말고 민족의 패망을 받아들여서 바벨론과 조화를 이루며 사는 자들만 생존하게 될 것이라는 메시지였다. 이는 왕과 이스라엘 백성이 받아들이기에는 최악의 내용이었지만, 예레미야는 이 메시지를 온전히 받아들이는 사람들은 연단 후에 하나님께로부터 회복의 축복을 받게 될 것이라고 선포했다.

이처럼 하나님 앞에서 자신의 신앙 양심에 충실하게 메시지를 선포했음에도 불구하고 예레미야에게 돌아온 결과는 핍박, 조롱, 멸시, 압제, 고독 그리고 자유에 대한 박탈이었다. 예레미야는 자기 민족의 암울한 미래를 보면서 안타까웠을 것이다. 불이 타들어 가는 다급한 심정이었을 테지만, 그가 할 수 있는 일은 아무것도 없었다. 여전히 시위대 뜰에 갇혀서 하나님의 말씀을 원하는 곳에 가서 전할 수 없는 상황이었다. 이러한 예레미야에게 하나님은 두 번째로 찾아오셔서 그를 위로하며 새로운 비전의 길을 약속하셨다.

예레미야가 시위대 뜰에 갇혀 있는 상황을 통해 우리가 깨닫게 되는 것은 무엇일까?

고립된 상황에서 발견한 하나님의 뜻

첫째, 예레미야의 고립은 하나님께 대한 순종의 결과다.

인생의 모든 상황을 선과 악, 흑과 백, 권선징악과 같은 편협한 이분법적 사고로는 정확히 해석할 수 없다. 예레미야가 당한 고립은 오히려 그의 신실한 믿음과 순종으로 인한 것이었다. 그가 고립되어 자유를 박탈당한 사건은 하나님의 뜻에 순종하지 않았더라면 겪지 않아도 되는 일이었다.

때로는 자신의 실수나 허물로 인한 고립의 시간(isolation)도 있지만, 그것과는 상관없이 하나님의 영광을 위해 주어진 고립의 시간도 있고, 순종의 결과 스스로 선택한 고립의 시간도 있다. 바울 사도가 아라비아 광야에서 보낸 시간(갈 1:17)과 로마로 가서 로마 황제 앞에 재판을 받도록 청원한 일(행 19:21) 역시 스스로 선택한 것이었다.

둘째, 사람의 고립에 대한 수용성은 일반적으로 결코 유연하지도, 성숙하지도 않다.

아담과 하와가 불순종한 이후로 인간은 자연스럽게 자기 고집과 자기 의를 따르게 되었으며, 각기 제 길 가기를 기뻐한다(사 53:6). 사람들은 제각기 자신이 듣고 싶은 말만 들으려고 한다. 예레미야 선지자가 외친 메시지는 분명한 사실이었지만, 모두가 기대하는 내용과 너무 달랐기에 사람들은 그의 메시지를 수용하지 않았다.

어떤 분은 교회에 특별 집회가 있으면 일부러 오지 않는다고 한다. 말씀을 듣고 찔려서 갈등하게 될까 봐 안 온다는 것이다. 우리가 건강을 위해 의사에게 자신을 다 내어 놓고 의료적 처방과 판단을 맡기는 것처럼, 하나님 말씀 앞에서의 자세도 마찬가지다. 우리 자신을 하나님의 말씀 앞에 적나라하게 맡기면 하나님이 위로와 격려와 소망을 주기도 하시지만, 때로는 찔리게도 하신다.

그래서 말씀을 묵상할 때도 '내가 버려야 할 죄가 무엇인가'를 발견하는 것이 중요하다. 내 허물이 말씀 앞에 드러나는 것이 가장 큰 은혜다. 그런데도 사람들은 자신이 원하는 메시지가 아니면 잘 수용하려고 하지 않는다. 변화를 싫어하는 것이다.

그러나 예수님은 죄인 된 우리를 다 품으시고 수용하셨다. 우리에게도 예수님처럼 나와 다른 사람을 향해 마음을 넓히고 수용할 줄 아는 자세가 필요하다. 다른 누군가로부터 거절받은 경험으로 인해 상실감과 좌절감 등의 상처를 안고 살아가는 이들이 있다. 이 상처를 아물게 하거나 상쇄시킬 방법은 어떤 관점을 가지느냐에 달렸다. 같은 상황을 어떻게 바라보느냐에 따라 그 결과는 하늘과 땅 차이가 난다.

우리는 누군가로부터 거절을 당할 때 인간의 비수용적인 본성을 기억해야 한다. 모든 사람은 거짓되고, 자기중심적이며, 자기 아집과 편견에 사로잡히기가 쉽다는 사실을 깊이 자각하고 상대방을 긍휼히 여기는 마음을 가지는 한편, 자신도 알게 모르게 비수용적인 태도로 타인에게 깊은 상처를 줄 수 있음을 기억해야 한다.

셋째, 고립의 시간은 하나님의 음성을 들을 수 있는 영적 축복의 시간이다.

예레미야가 아직 시위대 뜰에 갇혀 있는 상황에서 여호와의 말씀이 그에게 임했다(렘 33:1). 하나님은 전능하신 분이며, 얼마든지 감옥의 문을 여실 수 있다. 하나님은 천사를 통해 감옥에 갇혀 있던 베드로를 건져 내기도 하셨다(행 12:6-11).

예레미야가 갇혀 있는 시위대 뜰에서 그를 밖으로 건져 내는 일은 하나님께는 너무나 쉬웠지만, 하나님은 건져 내는 대신 말씀으로 찾아오셨다. 히브리어로 '다바르'라는 이 말씀은 하나님의 절대 명령인 레마의 말씀이다(70인역 성경). 예레미야는 시위대 뜰에서 고립된 시간을 보내며 바로 하나님이 주시는 레마의 말씀을 들을 수 있었다.

수많은 신앙 위인의 삶에서 발견되는 공통점은 저마다 고립의 시간이 있었고, 그 시간에 하나님의 말씀을 들었다는 것이다. 이러한 관점에서 고립의 시간은 저주가 아닌 축복이다(시 119:71). 고립의 시간은 주님을 만날 기회가 되기 때문이다.

넷째, 하나님의 말씀은 등불이요, 빛이라는 사실이다.

"주의 말씀은 내 발에 등이요 내 길에 빛이니이다"(시 119:105).

예레미야에게 시급한 일은 시위대 뜰 밖으로 나오는 것이었지만, 하나님은 그에게 말씀으로 찾아오셔서 "일을 행하시는 여호와, 그것을 만들며 성취하시는 여호와"(렘 33:2)께서 일하고 계시니 조급해하지 말고 다만 부르짖으라고 말씀하셨다.

여호와는 스스로 있는 자로서 모든 존재의 근원이시며, 시작도 끝도 없는 시간을 넘어서는 초월자이시다. 말씀으로 천지 만물을 창조하신 하나님은 말씀을 통해 영원부터 영원까지 존재하신다(요 1:1). 예수님은 말씀이 육신이 되어 우리 가운데 계신다(요 1:14). 하나님은 말씀으로 '다시' 하나님의 사람에게 찾아오신다(렘 33:1). "크고 은밀한"(렘 33:3) 하나님의 일은 여호와의 말씀으로부터 시작된다. 말씀은 약속이며, 약속은 성취다.

말씀은 환경에 제한되지 않는다. 시위대 뜰에서 사람의 소리는 제한되지만, 하나님의 소리는 예레미야에게 정확하게 들렸다. 사람의 소리가 제한되는 곳에서 오히려 하나님의 소리가 더욱 또렷하게 들릴 수 있는 것이다.

하나님의 사람은 하나님의 말씀을 끊임없이 계속 들을 수 있어야 한다. 매일 말씀을 묵상하고, 또한 예배에서 선포되는 하나님의 말씀을 통해 주님의 음성을 들어야 한다.

하나님의 말씀은 최고의 위로이며, 모든 상황의 최종적

권위이자 해답이다. 하나님의 말씀을 들으면 모든 문제가 해결된다. 하나님은 천지 만물을 말씀으로 창조하셨기 때문에 그 말씀을 들으면 무(無)가 유(有)가 되고, 어둠이 빛이 되고, 절망이 희망이 되고, 쓰레기 더미에서 장미꽃을 피우는 인생으로 역전될 수 있다.

기도, 절대 절망을 절대 희망으로!

하나님은 예레미야에게 갇혀 있다고 낙심하거나 좌절하지 말고, 있는 그곳에서 부르짖어 기도하라고 하셨다.

"너는 내게 부르짖으라 내가 네게 응답하겠고 네가 알지 못하는 크고 은밀한 일을 네게 보이리라"(렘 33:3)

하나님께 부르짖어 기도할 때 창조주 하나님은 계획한 일을 이루고 성취하겠다고 약속하셨다. '부르짖어' 기도하라는 말은 적극적으로 기도하라는 의미다.

하나님은 예레미야의 상실감을 희망으로 바꾸셨다. 말씀을 통해 그를 다시금 일으키셨다. 말씀을 붙드는 기도는 절대 절망의 상황 속에서 절대 희망을 노래하게 한다. 기도는 사람의 한계를 뛰어넘어 역사하며, 기도하는 사람은 또 다른 신령한 눈을 갖게 된다.

기도할 때 하나님은 그보다 앞서서 행하신다(미 2:13). 기도는 닫힌 문도 열리게 한다. 교회가 합심하여 기도할 때 하나님은 베드로를 건져 내셨다(행 12:12). 기도는 하나님과 동역하는 최선의 길이다. 기도가 없는 곳에서는 아무 일도 일어나지 않지만, 기도를 통해서는 하나님의 전능하심이 드러난다. 기도하지 않으면 나 홀로 일하지만, 기도하면 하나님이 친히 일하신다. 기도가 있는 곳에는 기적이 일어나게 된다. 기도보다 앞서지 말고 기도를 통해 하나님을 우리의 맨 앞에 서시게 해야 한다.

우리는 주님 앞에 설 때까지 이 땅의 다음 세대와 자녀손들을 위해 기도할 제목이 많다. 그래서 믿음의 부모 세대들이 더욱 기도해야 한다. 얼마 전 모 방송국과 인터뷰를 했는데, 질문 중 하나가 '오늘날 기도원이 쇠퇴하는 원인'에 관한 것이었다. 다양한 원인이 있겠지만, 나는 이 질문에 "우리 교회와 한국 교회가 기도원과 같은 교회가 되면 좋겠습니다"라고 대답했다. 우리가 섬기는 교회가 모두 기도원 같은 교회가 되기를 원한다. 기도원 같은 교회에서 많은 청소년과 젊은이가 강력하게 주님을 만날 수 있도록 기도를 통해 길을 열어 가기를 원한다.

신실하신 하나님이 약속하신 말씀을 붙들고 예레미야처럼 부르짖어 기도하는 이들은 하나님의 크고 은밀한 일을 볼 수 있다. 기도하며 자신의 길도, 다른 사람의 길도 열어 가게 되기를 축복한다. 누구든지 기도하면, 누구든지 부르짖어 기도하면 절대 절망이 아닌 절대 희망의 아이콘이 될 수 있음을 기억하자.

말씀을 붙드는 기도는
절대 절망의 상황 속에서
절대 희망을 노래하게 한다.
기도할 때 하나님은
그보다 앞서서 행하신다.

11
믿음으로 심고,
기도를 뿌리고

눈물 뒤엔 기쁨이 있다

눈물 젖은 빵을 먹어 본 경험이 있는가? TV에 출연하여 많은 사람에게 웃음을 주는 방송인들의 삶을 보면, 대부분 눈물 젖은 빵을 먹어 본 경험이 있다고 한다. 겉으로 다 드러나지는 않아도 눈물을 경험한 사람이 아니고는 쉽게 대중의 웃음을 끌어낼 수 없을 것이다.

"[5] 눈물을 흘리며 씨를 뿌리는 자는 기쁨으로 거두리로다 [6] 울며 씨를 뿌리러 나가는 자는 반드시 기쁨으로 그 곡식 단을 가지고 돌아오리로다"(시 126:5-6).

이 시편은 이스라엘 백성이 바벨론 포로로 끌려갔다가 두 번째 귀환하는 시점에 쓰였다고 한다. 이 시점에서 말씀의 기록자를 추정해 본다면 에스라 선지자일 가능성이 매우 높다. 이 시편의 배경은 바벨론 포로였던 이스라엘 민족이 해방되어 돌아오던 때이지만, 이 시편이 주는 교훈은 전 세대를 통틀어 모든 하나님의 백성에게 공통으로 적용된다. 하나의 법칙과도 같은 그 원리는 무엇일까?

첫째, 눈물과 기쁨은 관계가 있다.

이 시편은 우리가 처한 현재의 삶 속에서 고통의 눈물이 수반되어야만 기쁨의 미래가 보장됨을 강조하고 있다. 오늘이라는 삶의 현장에서 흘리는 눈물은 고통스러운 상황을 의미한다. 당시에 포로가 된 하나님의 백성이 느낀 고난의 무게가 '눈물'이라는 한 단어에 모두 담겨 있다고 할 수 있다.

너무 기뻐서 흘리는 눈물도 있지만, 이 시편의 눈물은 삶의 고통으로 인한 것이다. 하나님이 택하신 이스라엘 백성이 눈물을 흘릴 수밖에 없었던 상황은 오늘을 어렵고 힘들게 살아가는 하나님의 자녀들에게 큰 위로가 된다. 약 2,500년 전의 그들이나 현대를 사는 우리가 가진 공통점은 그들이 믿은 하나님과 우리가 믿는 하나님이 동일하다는 것이다. 또한 그때나 지금이나 삶의 현장에서는 눈물을 흘릴 수밖에 없는 상황을 만나게 된다는 것이다.

그러나 이 시편에서 눈물을 흘리는 상황은 현재형으로 표현되어 있지만, 기쁨으로 단을 거두는 상황은 미래형으로 표현되어 있다. '눈물'로 대변되는 현재의 어려움 뒤 내일에는 '기쁨'이라는 감격의 때가 기다리고 있다는 것이다.

멈추지 말고 계속 뿌려야 한다

둘째, 눈물을 흘리면서도 씨는 뿌려야 한다.

눈물을 흘릴 수밖에 없는 어렵고 힘든 상황의 무게 때문에 아무것도 하지 않고 망연자실한 태도를 유지하는 사람은 믿음의 사람, 꿈의 사람과는 어울리지 않는다. 믿음의 사람, 희망의 사람은 절대 절망의 상황에서도 희망의 끈을 놓지 않고 희망의 씨앗을 뿌려야 한다.

씨앗은 희망이다. 희망을 심는 일은 눈물이라는 현실의 고통으로 인해 멈춰질 수 없으며, 멈춰져서도 안 된다. 씨앗은 생명이다. 하나의 씨앗 안에는 셀 수 없이 많은 생명의 열매가 잠자고 있다. "사과 한 개에 들어 있는 씨앗의 개수는 모든 사람이 셀 수 있으나, 사과 씨앗 한 개에 숨겨져 있는 사과의 개수를 헤아릴 수 있는 사람은 아무도 없다"라는 서양 속담이 있다.

눈물은 삶의 고통을 상징한다. 이 고통의 무게는 내일에 대한 희망의 씨앗을 뿌리는 일을 포기하게 만들기도 한다. 그러나 눈물을 흘리는 상황이 계속될지라도 희망의 씨앗을 계속해서 뿌려야 함을 이 시편은 강조하고 있다. 울며 씨를 뿌리러 나가는 행위는 삶의 고통스러운 현실에도 불구하고 좌절하지 않고 믿음 안에서 소망을 가지고 의지적으로 돌파해 나가는 태도다.

어떤 사람은 어렵고 힘든 상황이 해결되면 그때 씨앗을 뿌리거나 심겠다고 한다. 어려운 일이 해결되면 그때 예배하고, 나중에 기도하고, 다음에 선교하겠다며 미룬다. 그렇게 자꾸 미루다 보면 결국 아무것도 하지 못하게 된다. 성경의 원리에 의하면, 어렵고 힘든 상황에서도 뒤로 미루지 말고 씨를 뿌려야 한다. 이스라엘 백성이 하나님의 법궤를 메고 요단강을 건넌 때는 강물이 그친 후가 아니었다. 하나님은 믿음으로 요단강 물을 밟으라고 하셨다(수 3:13).

시편 기자는 눈물을 흘리면서도 늘 희망의 씨앗, 기도의 씨앗, 복음의 씨앗, 사랑과 섬김의 씨앗을 뿌리고 심는 일을 멈추지 않고 계속해야만 기쁨으로 추수의 단을 거둘 것이라고 강조한다. 눈물의 상황을 돌파하면서도 씨는 뿌려야 하는 것이다.

반복적이고 지속적으로 뿌려야 한다

셋째, 씨를 일회적이 아니라 반복적이고 지속적으로 뿌리고 심어야 한다.

"울며 씨를 뿌리러 나가는 자"(시 126:6)의 원어를 분석해보면, 씨를 뿌리러 나가는 것이 일회성 동작이 아니라, 반복적이고 지속적인 동작임을 알 수 있다. 씨를 한 번 뿌리고 마는 것이 아니라, 할 수 있는 대로 뿌리는 일을 계속할 때 반드시 열매를 거두는 기쁨을 누리게 된다고 말한 것이다.

어떤 사람은 며칠 기도하다가 상황이 바뀌지 않으면 아무 소용 없다고 생각하고 기도를 중단한다. 사회생활을 할 때도 몇 번 시도하다가 원하는 만큼 열매가 보이지 않으면 금세 포기하는 사람이 있다. 이것은 하나님의 원리가 아니다. 반복적이면서도 지속적으로 씨를 뿌리는 일을 계속할 때, 때가 되면 반드시 열매를 거두는 기쁨을 누리게 된다는 것을 알아야 한다.

내 몫은 내가 감당해야 한다

넷째, 씨를 뿌리고 심는 일은 사람의 몫이다.

하나님은 씨를 뿌리고 심는 일을 사람에게 맡기셨다. 유익한 것들은 사람의 손길을 통한 수고를 거쳐서 심고 뿌려져야만 반드시 열매를 맺게 되는 법이다. 이것이 자연의 법칙이자 천국의 법칙이다. 눈물을 흘리며 씨를 뿌리는 자는 기쁨으로 거둔다고 약속되어 있다. 울며 씨를 뿌리러 나가는 자는 기쁨으로 그 곡식 단을 가지고 돌아오게 된다는 사실을 '반드시'라는 부사로써 강조하고 있다.

사람의 손길을 통해 뿌려진 씨앗만이 유익한 열매를 거둔다. 씨를 뿌리지 않아도 무성하게 자라나는 잡초를 보고 기뻐하는 사람은 없다. 하나님은 사람의 땀 흘리는 수고와 헌신을 통해 심기고 뿌려진 씨앗에 싹이 나게 하시고, 그 싹이 자라게 하신다.

"⁶ 나는 심었고 아볼로는 물을 주었으되 오직 하나님께서 자라나게 하셨나니 ⁷그런즉 심는 이나 물 주는 이는 아무것도 아니로되 오직 자라게 하시는 이는 하나님뿐이니라"(고전 3:6-7).

나 자신은 아무것도 하지 않은 채, 오직 하나님이 심고 뿌리고 자라게 하고 열매 맺게 하신다고 생각하지 말라. 그것은 게으름에 동조하는 생각이다. 하나님은 내가 심고 뿌린 것만 열매를 맺도록 도우신다. 하나님은 천사를 동원하여 씨앗을 심거나 뿌리지도 않으신다. 반드시 사람의 손을 거쳐서 뿌려지고 심긴 것에만 열매라는 축복을 허락하신다.

뿌리고 심으면 반드시 열매를 맺는다

그렇다면 왜 사람들은 씨앗을 심거나 뿌리는 일을 지속하지 못할까?

우선, 씨앗을 심거나 뿌리는 일이 너무 힘들기 때문이다. 사람은 죄성을 지닌 존재다. 사람들은 대부분 땀을 흘려 수고하기보다는 쉽게 열매를 얻고 싶어 한다. 열심히 꾸준히 기도하지도 않고 응답을 받고 싶어 한다. 하나님이 우리에게 어떤 비전을 주셨다면 기도의 씨앗, 섬김의 씨앗, 인내와 소망의 씨앗을 뿌려야 한다. 그래야 하나님이 주신 비전의 열매를 맺을 수 있다.

사람은 끊임없이 쉬운 길을 찾으려 시도하는데, 이것은 일종의 게으름이다. 게으름도 죄성의 한 종류다. 눈물을 홀릴 수밖에 없는 고통을 참아 내는 인고의 시간을 견디는 내성이 형성되지 못한 사람은 씨 뿌리는 일이 너무 힘들어 조금 하다가 멈추게 되는 것이다.

사람들이 씨 뿌리는 일을 지속하지 못하는 또 다른 이유가 있다. 씨를 뿌린 후에 열매를 맺으려면 기다림의 시간이 필요한데, 이 시간을 인내하지 못하기 때문이다. 좋고 건강한 열매일수록 영그는 시간이 많이 필요하다. 당장 눈앞에 열매가 보이지 않아도 심고 뿌린 것은 때가 되면 반드시 열매를 맺게 된다는 사실을 믿어야 한다.

세상 모든 만물에는 때가 있다. 심을 때가 있고, 거둘 때가 있다.

"날 때가 있고 죽을 때가 있으며 심을 때가 있고 심은 것을 뽑을 때가 있으며"(전 3:2).

"우리가 선을 행하되 낙심하지 말지니 포기하지 아니하면 때가 이르매 거두리라"(갈 6:9).

씨를 뿌리고 심는 일을 멈추지 않고 인내하면서 계속하다 보면, 때가 되어 반드시 열매를 거두게 된다. 여기에서 '때'

는 뿌린 이가 원하고 기대하는 때가 아니라, '하나님의 때'를 의미한다. 하나님은 실수하지 않으신다. 하나님은 최고의 효율성을 추구하시는 분이다. 하나님이 생각하고 판단하시는 때가 최선의 때, 최적의 타이밍이다.

나의 인생을 향한 하나님의 최선의 계획이 무엇인지 생각해 본 적이 있다. 하나님이 나를 목회자로 예비하셨다는 확신이 있다. 학창 시절에 다른 비전을 놓고 꿈을 꾸었지만 공부를 한창 해야 할 시기에 병을 앓아 공부를 깊게 하지 못했다. 하지만 그로 인해 하나님 앞에 겸손하게 기도하는 시간을 가질 수 있었고, 세상에서 자랑할 만한 것들을 내려놓고 목회자가 될 수 있었다.

인간은 미련하여 끊임없이 자신이 정한 타이밍과 계획을 우선시한다. 그래서 더 좌절하고 상처받는다. 내가 원하는 일을 한다고 반드시 풍성한 열매를 맺는 것은 아니다. 하나님과 우리의 생각은 다르기에 나의 생각을 내려놓고 하나님의 타이밍과 계획에 초점을 맞추어야 한다.

사람들이 씨앗을 심고 뿌리는 일을 쉽게 포기하거나 멈추어 버리는 가장 큰 이유는 불신하기 때문이다. 심음과 거둠의 관계는 하나님이 말씀하신 하나의 원리이자 법칙이다. 누구든지 씨앗을 심거나 뿌리면 때가 되어 반드시 열매를 맺게 된다. 좋은 것을 심으면 좋은 것을 얻고, 많이 심으면 많이 거두게 된다. 뿌리는 자의 눈물의 양만큼 거두는 자의 기쁨의 양도 비례한다. 따라서 우리는 평소에 믿음의 말을 심고, 기도 또한 많이 심어야 한다.

홍대 앞에서 교회를 개척하신 한 목사님의 이야기를 들은 적이 있다. 젊은이들이 많이 찾아오는 그 교회는 주일마다 최선을 다해 젊은이들을 섬기고 식사도 제공했다고 한다. 그런데 예배 중에 천 원을 헌금하는 젊은이들이 교회 문을 나서면 카페에 들어가서 7천 원짜리 커피를 사서 마신다고 했다. 하나님 앞에 물질을 심으면 반드시 거두게 되는 원리를 모르는 것이다.

정치인들 중에 평소엔 얼굴 한 번 비추지 않다가 선거철만 되면 교회로 찾아와서 표를 부탁하는 이들을 보게 된다. 평상시에 따뜻한 인사 한마디와 친절함을 심으면 이것이 모두 자신에게 돌아온다는 사실을 모르는 것이다.

하나님은 히스기야의 눈물을 보셨다(사 38:5-6). 그는 고통스러운 상황 중에도 기도의 씨앗을 심는 쪽을 선택했다. 그는 믿음의 사람이기 때문이었다. 눈물은 하나님의 마음을 감동케 한다. 하나님은 히스기야의 눈물을 받으시고 그의 병을 고치시고, 그의 수명도 15년을 연장시키셨으며, 그가 통치하는 동안 외세의 침입으로부터 그를 보호해 주겠다고 약속하셨다.

눈물을 흘릴 수밖에 없는 상황일지라도 희망의 물결은 도도히 흐르고 있다. 눈물의 상황은 피하는 것이 아니라, 뚫고 나아가야 한다. 우리는 희망의 씨앗, 믿음의 씨앗, 기도의 씨앗, 헌신의 씨앗, 남을 살리고 격려하고 응원하는 좋은 말의 씨앗을 심고 뿌려야 한다.

좋고 튼실한 씨앗을 많이 심을수록 크고 건실한 열매를 많이 거두게 되는 법이다. 때가 되면 하나님이 30배, 60배, 100배 거두게 하신다. 그런 믿음으로 희망을 품고 힘 있게 살아가기를 축복한다.

PART
3

고난을 이기는 자가
만나는 축복

12
고난을 통해
올바른 삶을 배운 인생

우리는 하나님과 샅바 싸움을 한다

성경에 나오는 신앙의 위인들이나 이스라엘 백성의 삶 속 위기에는 공통된 특징이 있다. 그것은 바로 샅바 싸움이다. 성경에는 우리 민족 고유의 경기인 씨름의 전술 중 샅바 싸움을 연상케 하는 내용이 많이 기록되어 있다. 샅바 싸움을 할 때는 경쟁하는 두 선수 간에 강한 신경전과 온 힘을 다하는 힘겨루기가 펼쳐진다. 전문가들에 의하면, 민속 씨름에서는 샅바 싸움에서 승부가 거의 결정된다고 한다.

성경 속 위인들의 삶에도 등장하는 샅바 싸움의 상대는

다름 아닌 하나님이시다. 사람들은 끊임없이 하나님을 이기려고 했다. 하나님이 아닌 자신이 삶의 주도권을 가지고자 하는 것이다. 그렇지만 하나님은 인간이 하나님의 도우심을 받아야만 살 수 있는 피조물이라는 사실을 깨닫기 원하셨다. 아담과 하와가 하나님이 금지하신 선악을 알게 하는 나무의 열매를 따먹은 불순종을 저지른 이후로, 인간은 끊임없이 인간을 포기하지 않으시는 하나님과 씨름 싸움을 하고 있다.

하나님과 씨름 싸움을 하지 않는 사람은 없다. 사람은 하나님의 도우심을 받지 않아도 살 수 있다는 불신앙이 그 내면에 뿌리 깊게 자리 잡고 있기 때문에 발버둥을 쳐 가면서도 하나님과 씨름 싸움을 하곤 한다.

야곱도 20년 동안 하나님과 씨름 싸움을 하며 생활하던 중 얍복강 나루에서 하나님과 마지막 힘겨루기를 하다가(창 32:24) 하나님의 손에 완전히 굴복했다. 요나도 니느웨로 가라는 하나님의 부르심을 거절하다가 큰 물고기 배 속에서 3일 밤낮을 머무른 뒤(욘 1:17) 자신의 불순종을 철저히 회개하고 구원받아 다시금 하나님께 쓰임 받게 되었다.

인간은 누구나 하나님 앞에서 교만하기 쉽다. 교만은 불신앙이 밖으로 표출된 것이라고 볼 수 있다. 하나님의 도우심 없이도 잘 살 수 있다는 태도가 숨겨진 교만이다. 하나님은 교만한 자를 싫어하신다. 그래서 하나님은 교만을 꺾기 위해서 인간에게 고난이라는 도구를 사용하신다.

"²⁸ 이에 그들이 그들의 고통 때문에 여호와께 부르짖으매 그가 그들의 고통에서 그들을 인도하여 내시고 ²⁹ 광풍을 고요하게 하사 물결도 잔잔하게 하시는도다 ³⁰ 그들이 평온함으로 말미암아 기뻐하는 중에 여호와께서 그들이 바라는 항구로 인도하시는도다 ³¹ 여호와의 인자하심과 인생에게 행하신 기적으로 말미암아 그를 찬송할지로다"(시 107:28-31).

이 말씀에서 '고통', '광풍', '물결'로 표현되고 있는 것이 바로 고난이다. 자신의 힘으로 해결할 수 없는 중과부적(衆寡不敵)의 고난을 만나고서야 인간은 초월자를 찾게 된다. 믿음의 사람은 고난을 통해 자신이 믿는 하나님 앞으로 나아오게 되는 것이다.

인간은 자신이 해결할 수 없는 고난 앞에서 마음이 가난해진다. 그리고 하나님 앞으로 나아온다. 예수님은 팔복(八福)을 가르치시며 먼저 "심령이 가난한 자는 복이 있나니 천국이 그들의 것임이요"(마 5:3)라고 말씀하셨다. 고난이라는 강적을 만남으로써 심령이 가난한 자가 되는 것이다.

하나님은 정직한 부르짖음을 통해 일하신다

많은 사람이 고통의 상황을 만나면 매우 낙심하여 하나님께 나아오지 못하고 주저앉아 버린다. 그러나 믿음의 끈을 붙들고 있는 사람들 중에는 이내 마음을 추스르고 하나님 앞으로 나아와서 그분의 도우심을 구하는 이들이 있다.

하나님은 하나님의 자녀가 힘들면 힘들다고, 고통스러우면 고통스럽다고, 슬프고 괴로우면 슬프고 괴롭다고, 울고 싶으면 울고 싶다고 솔직한 감정을 하나님 앞에 표현하기를 원하신다. 어렵고 힘든 일을 만났을 때 자신의 감정을 숨기지 말아야 한다. 하나님은 당신의 백성이 자기 내면에 쌓여 있는 고통과 상한 감정을 감추지 않고 하나님 앞에 표출하기를 원하시기 때문이다.

상한 마음을 활짝 열어젖혀서 하나님 앞에 나아올 때 하나님은 그들의 고통을 이해하시고 위로하시며 싸매어 주신다(시 51:17). 그들의 고통의 소리에 귀 기울여 주신다. 아기가 울 때 엄마가 귀를 기울이는 것과 같다.

모든 이의 부모가 되시는 하나님은 자녀들이 하나님께 솔직하게 마음을 토해 내기를 원하신다. 성경에 나오는 많은 신앙 위인들 역시 고난으로 고통스럽고도 상한 감정을 동일하게 겪었으며, 그 상황에서 하나님께 자신의 감정을 솔직하게 표현했다. 하나님은 결코 그 감정을 거절하지 않으신다. 오히려 그런 솔직한 감정을 쏟아 내면서 하나님 앞에 나아오는 자들을 간절히 찾으신다. 주의 자녀들이 정직한 모습으로 하나님 앞으로 나아올 때 하나님의 마음이 얼마나 흡족할지 생각해 보라.

우리나라의 어느 성공한 연기자의 이야기다. 그는 매우 힘들고 어려운 어린 시절을 보냈는데, 그의 어린 자녀들이 "아빠, 피자 사 줘!" 하고 조를 때 가장 행복하다고 한다. 그는 아이들에게 피자를 마음껏 사 주기 위해 열심히 연기한다고 했다. 그가 고백한 마음이 바로 부모의 마음이 아닐까.

아무도 내 감정을 모른다고 생각하지 말라. 사람은 나의 상한 마음을 다 이해하지 못할지라도 주님은 나의 처지를 이해하고 가엾게 여기심으로 도울 수 있는 전지전능한 분이시다. 내면의 고통을 주님 앞에서 비명을 지르며 부르짖을 수 있어야 한다. 마음으로 울고 있는 나를 주님께 올려 드릴 때 우리는 놀라운 응답과 도우심을 경험하게 된다.

하나님은 백성의 부르짖음을 통해 그들이 고통스러운 삶을 감당할 힘을 주실 뿐만 아니라 그 고통으로부터 그들을 건져 내신다. 70년의 바벨론 포로 생활로부터 이스라엘 백성을 기적적으로 건져 내고 인도하신 이는 하나님이시다. 하나님은 고통의 상황에서 울부짖는 그들의 탄식을 외면하지 않으셨다. 이스라엘 백성이 애굽에서 400년 동안 종살이하다 학대와 고역의 상황에서 울부짖었을 때 하나님은 모세를 보내 그들을 구원해 내셨다(출 3:9).

하나님은 광풍과 풍랑의 물결을 고요하게 하고 잔잔하게도 할 수 있는 능력을 소유하고 계신다. 하나님 앞에서 광풍과 풍랑은 아무것도 아니다. 사실 광풍과 풍랑의 숨겨진 목적은 하나님의 자녀들을 주님 앞으로 인도하기 위함이다. 하나님의 자녀들에게 숨겨진 교만과 불신앙을 적나라하게 드러내고 깨뜨리기 위해 하나님이 광풍과 풍랑에 부여하신 사명이라고 할 수 있다.

하나님은 자녀들의 부르짖음을 통해 일하신다. 자녀들이 고난의 상황 앞에 낙심하여 주저앉아만 있을 때는 일하실 수가 없다. 자녀들이 고난의 뒤편에서 역사하고 계시는 하나님의 부르심의 손길을 인지하고 하나님 앞에 나아와서 울부짖는 순간부터 하나님은 역사하신다. 울부짖으며 도움을 구하는 자녀들이 당신의 크고 자애로운 기적의 손길을 느낄 수 있도록 일하며 역사하신다. 풍랑을 크게 보기보다 풍랑을 능히 고요하게 하실 수 있는 광대하신 하나님을 바라보자.

하나님은 소원의 항구로 인도하신다

삶 속에 하나님이 하신 일을 헤아리며 기뻐하는 태도와 표현이 있을 때 하나님은 우리를 소원의 항구로 인도하신다.

"저희가 평온함을 인하여 기뻐하는 중에 여호와께서 저희를 소원의 항구로 인도하시는도다"(시 107:30, 개역한글).

하나님의 백성이 극심한 환난 중에서 부르짖으면 하나님이 개입하셔서서 평온함을 주시고, 그 평온함의 은혜를 입은 자들은 기쁨을 감출 수 없게 된다.

여호와로 인하여 기뻐하는 것이 우리의 힘이라고 성경은 말한다(느 8:10). 그런데 많은 사람이 하나님께 기도한 후 그 상황이나 문제를 해결받으면, 그 이후에는 하나님을 기뻐하고 감사하는 삶을 잃어버리곤 한다. 하나님의 손안에는 우리 삶의 고난을 위한 계획만 있는 것이 아니다. 고난을 통해 좋으시고 신실하신 하나님을 경험했다면, 우리는 그 이후 삶의 매 순간 하나님 한 분만을 기뻐할 수 있어야 한다.

사람에게는 누구에게나 소원이 있는데, 사람의 마음에 소원을 주시는 이는 하나님이시다(빌 2:13). 하나님이 한 사람의 마음속에 소원을 두시는 목적은 하나님이 기뻐하시는 뜻을 이루시기 위함이다. 하나님을 기뻐하고 하나님께 지속적으로 감사하는 사람의 삶 속에 하나님이 역사하셔서 그의 삶을 소원의 항구로 인도하고 이끄신다.

"소원의 항구"라는 표현은 시편 107편에서만 사용된 단어인데, '소망하는 목적지'를 의미한다. 하나님은 고난을 통해 올바른 삶의 도리를 배운 인생들을 그들이 바라던 곳, 진정한 의미에서의 행복과 꿈이 있는 목적지로 인도하신다는 의미다.

우리는 삶 속에 찾아온 고난을 해결하는 데에만 매달리는 것이 아니라, 삶의 태도의 일대 전환을 통해 지속적으로 하나님을 신뢰하고 하나님으로 인해 기뻐하고 감사하는 믿음의 태도를 변함없이 유지해야 한다. 이를 통해 소원의 항구까지 인도하시는 참 좋으신 하나님을 경험할 수 있어야 한다.

믿음의 사람들은 환경이나 삶의 조건을 떠나서 하나님 한 분만을 기뻐한다. 믿음이 성숙하지 못하면 조건적으로 기뻐하게 된다. 부부간에 좋은 보석을 선물하지 않아도 "당신으로 인하여 기쁘고, 당신으로 인하여 감사합니다"라고 하는 것이 성숙한 사랑이다. 철없는 자녀는 부모가 무언가를 해 줄 때만 좋아하고, 자신이 원하는 것을 해 주지 않으면 불평

한다. 그러나 철이 든 자녀는 부모님의 존재 자체로 감사하고 즐거워한다. 하나님과 우리의 관계도 마찬가지다. 성숙한 신앙인은 하나님이 어떤 분이신지를 알고 그분을 기뻐한다.

> "¹⁷ 비록 무화과나무가 무성하지 못하며 포도나무에 열매가 없으며 감람나무에 소출이 없으며 밭에 먹을 것이 없으며 우리에 양이 없으며 외양간에 소가 없을지라도 ¹⁸ 나는 여호와로 말미암아 즐거워하며 나의 구원의 하나님으로 말미암아 기뻐하리로다"(합 3:17-18).

아무것도 없는 인생, 되는 일이 없는 삶임에도 불구하고 하박국 선지자는 위대한 신앙 고백을 하고 있다. '그리 아니하실지라도' 하나님으로 인해 즐거워하고 기뻐하겠다는 고백이다. 바울은 감옥에서도 "내가 궁핍하므로 말하는 것이 아니니라 어떠한 형편에든지 나는 자족하기를 배웠노니"(빌 4:11)라고 고백하고 기뻐했다.

'그럼에도 불구하고' 기뻐하는 성숙한 신앙이 우리 삶의 태도와 방향이어야 한다. 조건이 아닌, 하나님 자체만으로 기뻐할 수 있는 삶의 태도가 하나님이 궁극적으로 자녀들에게 바라시는 소원이다. 하나님은 그런 성숙한 신앙의 태도를 지닌 사람들의 삶 속에 온갖 좋은 것을 준비하고 계신다. 이것이 바로 소원의 항구다.

소원의 항구에는 꿈과 희망과 기쁨이 넘친다. 항구에는 설렘과 미래의 희망이 있다. 요셉도, 다니엘도, 느헤미야도, 바울도 자신이 처한 고난의 상황을 뛰어넘어 하나님을 기뻐하고 하나님 한 분만으로 감사했다. 하나님은 척박했던 그들의 삶을 복된 길, 즉 소원의 항구로 인도하셨다. 다니엘과 요셉은 총리로, 느헤미야는 유대 땅의 총독으로 쓰임을 받았다. 바울은 2천 년 교회사 중에서 가장 위대한 사도로 쓰임 받았다.

나는 혼자가 아니다. 내가 내 삶의 방향을 결정하고 끌고 가는 것도 아니다. 나를 소원의 항구까지 인도하시는 하나님의 손길에 자신을 맡겨 보자. 하나님은 우리의 삶에 간섭하시거나 자유를 박탈하시려는 것이 아니라, 소원의 항구로 인도하기를 원하신다.

하나님은 좋으신 분이기에 가장 좋은 것을 계획하고 계신다. 문제에만 초점을 맞추지 말고, 좋으시고 신실하시고 전능하신 하나님께 초점을 맞추는 성숙한 신앙인이 되어야 한다.

당신은 소원의 항구를 향해 나아가기를 원하는가? 그렇다면 이제 하나님과의 샅바 싸움을 내려놓아야 한다. 수영을 배울 때 물에 몸을 맡기고 하늘을 바라보아야 몸이 자연스럽게 물 위에 뜨는 것처럼, 주님의 선한 손길에 자신을 맡겨볼 때다. 주님이 인도하시는 소원의 항구에 다다를 때, 마침내 우리는 더없는 기쁨을 누리게 될 것이다.

13
긍정의 눈으로
고난을 보라

누구에게나 고난은 두렵다

많은 교회에서 송구영신예배를 드린 후에 성경 구절 카드를 뽑는 시간을 갖는다. 새해를 맞이하여 가족과 개인을 위한 말씀을 뽑는 것이다. 그런데 어떤 성도는 자신이 뽑은 성경 구절 카드에 적힌 말씀을 확인한 후 다시 바구니에 집어넣고는 다른 카드를 뽑기도 한다. 자신이 뽑은 카드에 적힌 성경 구절이 마음에 들지 않기 때문이다. 아마 새해에 마음이 힘든 일이 생기거나 고난당할 것이 두려워 그랬을 것이다.

인간의 타락 이후 "땅이 네게 가시덤불과 엉겅퀴를 낼 것이라"(창 3:18)라는 말씀처럼 삶이 끊임없는 고난으로 점철되어 있다는 것을 부인할 사람은 아무도 없을 것이다. 남에게는 말 못 할 삶의 고난으로 불면의 밤을 보내는 이들도 많을 것이다.

누구나 고난이 자신의 삶을 비껴가기를 원한다. 그렇지만 바람과는 달리 고난이 없는 사람은 아무도 없다. 이런 시각을 '고난의 보편성'이라고 하는데, 이 사실을 아는 것만으로도 우리에게 위로가 된다.

모든 인생길에는 이처럼 고난이 존재하지만, 고난을 바라보는 시각은 사람마다 극명한 차이가 있다. 먼저, 고난을 바라보는 그릇되거나 편협한 시각을 세 가지로 나누어 볼 수 있다.

고난을 바라보는 편협한 시각 세 가지

첫째, 인과응보 사상이다.

'인과응보'란 좋은 일에는 좋은 결과가, 나쁜 일에는 나쁜 결과가 따른다는 사상이다. 즉 고난을 겪는 이유는 자신이 고난을 겪을 수밖에 없는 좋지 못한 일을 했기 때문이라는 것이다.

고난을 넘다

이러한 생각은 성경적 사고가 아니다. 물론 성경에는 '심음과 거둠의 법칙'에 관한 말씀이 있다. 하지만 요셉이나 다니엘 같은 인물은 그들의 잘못이 없었음에도 사람들의 모함이나 질투로 고난을 겪었다. 욥은 어떠한가? 그는 사탄의 공격으로 큰 고통을 겪었다. 욥은 자녀들과 재산을 하루아침에 모두 잃어버렸고, 발바닥에서 정수리까지 종기가 났으며, 믿었던 친구들로부터 비난과 정죄를 받는 사면초가의 고통에 처했다. 그럼에도 욥이 인내하며 자신을 비난하던 친구들을 위하여 믿음으로 기도할 때 여호와 하나님은 욥을 곤경으로부터 돌이키시고 갑절의 복을 주셨다(욥 42:10).

요한복음 9장에 보면, 예수님이 제자들과 길을 가실 때 태어날 때부터 맹인인 사람을 보셨다. 그때 제자들은 "이 사람이 맹인으로 난 것이 누구의 죄로 인함이니이까 자기니이까 그의 부모니이까"(요 9:2) 하며 그가 맹인 된 이유를 예수님께 물었다. 예수님은 그의 고통은 누군가의 죄로 인한 것이 아니라, 그에게서 하나님이 하시는 일을 나타내고자 함이라고 말씀하신 후에, 실로암에서 그를 고치심으로써 당신이 "세상의 빛"이심을 증거하셨다(요 9:3-5). 이처럼 고난은 굉장히 깊고 넓고 복잡하고 심오한 영역이다.

둘째, 신앙 만능주의 사상이다.

'신앙 만능주의'란 신앙을 갖게 되면 하나님이 도와주셔서 결코 고난을 겪지 않게 될 것이라는 생각을 말한다. 그러나 성경 어디에도 "신앙을 가지면 고난을 겪지 않게 된다"는 구절은 없다. 이 생각의 단점은 열등감이나 우월감을 갖게 한다는 것이다. 자칫 자기 비하, 혹은 타인에 대한 정죄감으로 발전할 수 있다. 즉 신앙 만능주의 사상을 가지면 고난을 겪는 자신의 삶을 바라보며 좌절하거나 열등의식에 빠질 수 있는 반면, 타인의 고난을 바라보며 심한 우월감에 빠질 수도 있다.

신앙과 상관없이 모든 인간은 삶의 현장에서 원하지 않는 고난을 만난다. 하지만 그 고난 속에는 반드시 하나님이 예비하신 섭리가 있다는 사실을 믿는 것이 신앙인이 가져야 할 자세다.

신앙은 고난을 만나지 않게 해 주는 것이 아니라, 고난을 이길 힘을 하나님께 공급받는 것이다. 우리는 누구나 고난을 만날 수 있다는 사실을 알고 믿음으로써 마음에 대비를 해야 한다. 아름다운 산 정상의 경관을 체험하기 위해서는 크고 작은 봉우리들을 통과하는 산행을 거쳐야 하는 것처럼, 크고 작은 고난을 통과해야 하는 것이 우리 인생의 여정이다. 믿음으로 살아가는 의인에게는 많은 고난이 있지만, 여호와 하나님이 모든 환난과 고난에서 건지신다는 약속의 말씀(시 34:17, 19)을 굳게 붙들어야 한다.

셋째, 패배주의와 부정적 사고다.

고난이 온 것은 자신의 삶이 실패하거나 후퇴했기 때문이라고 생각하는 사고다. 그러나 성경은 고난이 유익하다고 증거한다(시 119:71).

비빔밥은 평범한 여러 가지 재료와 양념이 한데 어우러져서 최고의 맛을 낸다. 만일 비빔밥의 여러 재료와 양념을 따로 먹는다면 절대로 그 맛을 느낄 수 없을 것이다. 때때로 우리 인생에 혹독하게 찾아오는 고난도 그 순간만 놓고 보면 힘들고 어렵지만, 하나님의 손으로 버무려져 조화를 이루면 아름다운 인생으로 탄생한다. 실수하지 않으시는 하나님이 모든 것을 합력하여 선을 이루심(롬 8:28)을 믿어야 한다.

삶에서 최고의 축복은 영원한 하나님의 나라를 소유하는 것이다. 예수 그리스도를 믿는 것보다 더 큰 축복은 없다.

"생각하건대 현재의 고난은 장차 우리에게 나타날 영광과 비교할 수 없도다"(롬 8:18).

비록 현재 고난의 상황에 있을지라도 주님과 인격적으로 교제하며 더욱 성숙한 믿음으로 내면에 천국을 소유해야 한다.

고난을 해석하는 성경적 시각

시편 34편을 통해 고난에 대한 성경적 사고를 정리해 보자.

"[17] 의인이 부르짖으매 여호와께서 들으시고 그들의 모든 환난에서 건지셨도다 [18] 여호와는 마음이 상한 자를 가까이하시고 충심으로 통회하는 자를 구원하시는도다 [19] 의인은 고난이 많으나 여호와께서 그의 모든 고난에서 건지시는도다 [20] 그의 모든 뼈를 보호하심이여 그중에서 하나도 꺾이지 아니하도다"(시 34:17-20).

고난은 모든 사람에게 찾아온다

모든 사람의 삶에는 가시덤불과 엉겅퀴 같은 고난이 찾아온다(창 3:18). 고난은 모든 사람의 삶에 찾아오기에 우월의식을 가질 필요도 없고, 열등의식에 사로잡힐 필요도 없다. 내가 먼저 고난을 겪고 있는 사람들을 배려하고 섬기는 마음을 갖는다면, 내가 어려움을 당할 때 나를 돕는 손길도 많아질 것이다.

고난의 원인은 매우 복잡하고 다양하다

고난의 원인은 복잡하고 광범위하다. 죄로 인한 고난, 사탄의 공격으로 인한 고난, 연단을 통한 성숙을 위해 예비하신 고난, 하나님의 구원 사역을 위한 고난, 심판으로서의 고난, 하나님의 부르심으로서의 고난 등 매우 다양하다.

고난 속에는 우리를 향한 하나님의 계획이 있다. 욥은 "내가 가는 길을 그가 아시나니 그가 나를 단련하신 후에는 내가 순금같이 되어 나오리라"(욥 23:10)라고 고백했다. 하나님 앞에 크게 쓰임 받은 믿음의 영웅들의 삶을 보면 엄청난 고난을 통과했다는 공통점이 있다. 우리가 하나님께 크게 쓰임 받는 일꾼이 되기를 원한다면, 하나님이 계획하신 고난이라는 훈련을 잘 통과함으로써 단련될 각오를 해야 한다.

고난을 경험한 사람은 자신과 같은 아픔을 겪는 사람들을 품어 주고 도와줄 수 있다. 우리가 예수님께로 나아올 때 모든 문제가 해결되는 이유는 예수님이 고난을 당하는 우리의 처지를 이해하고 불쌍히 여기시기 때문이다. 그래서 헨리 나우웬은 『상처 입은 치유자』(두란노, 2022)에서 자신이 입은 상처를 통해 우리도 다른 사람들을 생명으로 이끄는 치유자가 될 수 있다고 말했다. 하나님이 우리를 통해서 더 많은 사람을 예수님께로 인도하고 치유하기 위해 우리에게 어려움을 허락하실 때가 있다. 성경적인 관점으로 볼 때 우리의 자녀들도 아무런 어려움을 겪지 않는 것이 최선의 삶은 아니다.

믿음의 사람에겐 고난이 많다

나는 20대 시절에 시편 34편 17-20절을 암송하면서 고난으로 점철된 인생을 바라보는 세계관을 교정하게 되었다. 로마서 1장 17절은 '의인은 믿음으로 말미암아 사는 사람들'이라고 말한다. 즉 믿음으로 살면 고난이 없을 것 같지만, 성경은 믿음으로 사는 사람에게 고난이 많다고 말한다. 의인이 당하는 고난은 상상할 수 없을 만큼, 양적으로나 질적으로 매우 극심할 수 있다. 그러나 하나님은 많은 고난과 동시에 위로의 말씀도 주신다.

19절 "건지시는도다"에 해당하는 '야칠렌누'라는 히브리어는 미완료형으로 사용되어, 하나님의 개입이 의인들에게 언제까지나 계속 있을 것이라는 사실을 보여 준다. 하나님은 과거와 현재만이 아니라, 언제나 믿음의 사람들을 고난에서 건져 주신다. 그래서 우리는 믿음으로 걱정과 염려를 떨쳐 버려야 한다.

고난은 하나님을 체험하는 통로다

17절에서 "건지시는도다"라는 말은 삼위일체 하나님이 의인의 부르짖는 기도에 이미 응답하셨을 뿐만 아니라 하나님의 손으로 붙들어 건져 주셨음을 우리가 이해할 수 있도록 절묘하게 표현된 것이다. 우리 하나님은 모든 믿음의 사람의 기도를 들으시고, 그들을 모든 환난에서 건져 주신다.

고난 뒤에는 유익이 있다

살아가며 크고 작은 어려움을 만나게 마련이다. 나와 아내는 어려운 상황을 만나면 "하나님이 예비하신 보너스를 주시려나 봐요"라고 대화하곤 한다.

"고난당한 것이 내게 유익이라 이로 말미암아 내가 주의 율례들을 배우게 되었나이다"(시 119:71).

시편 기자의 고백처럼, 하나님은 고난도 유익이 되게 하시고, 상실의 순간을 통해서 더 좋은 것들로 채워 주시는 줄 믿는다. 많은 믿음의 영웅들은 고난을 통해 놀랍도록 역사하시는 하나님을 만났다.

고난은 공평하신 하나님을 만나게 한다

"여호와는 마음이 상한 자를 가까이하시고 중심으로 통회하는 자를 구원하시는도다"(시 34:18).

"그의 모든 뼈를 보호하심이여 그중에서 하나도 꺾이지 아니하도다"(시 34:20).

여기에서 "마음이 상한 자"란 마치 돌이 부서져 산산조각이 난 것처럼(사 27:9) 마음이 상하여 좌절하는 사람을 가리킨다. 하나님은 인간에게서는 위로를 얻지 못하는 이러한 사람을 구원하신다. 사람들은 우리의 상한 마음의 상태를 모르지만 하나님은 아시고, 그 마음을 이해하고 위로하시며, 가루와 같이 부서진 마음을 치유하고 회복시키신다. 그리고 생명수의 은혜로 상하고 부서진 마음을 반죽처럼 붙여 새롭게 해 주신다. 현대인들의 상하고 부서진 마음도 하나님이 생명수의 은혜를 부어 주시면 회복되어 새로운 하나님의 작품으로서 복된 삶을 살아갈 수 있게 된다.

성공 가도를 달리는 사람 주변에는 이익을 얻으려는 사람들이 몰려들지만, 마음이 상하고 고난을 당하는 사람에게는 거리를 둔다. 이것이 연약한 인간의 본성이다. 그러므로 평소에 지나치게 사람을 의지해서는 안 된다. 그러나 하나님은 언제나 공평하시다. 하나님은 마음이 상한 자를 가까이하신다. 고난으로 나의 마음이 찢어지고 가루처럼 산산이 부서질 때도 하나님은 나의 가장 가까운 곳에 계신다.

내가 가장 존경하는 분 중에 초등학교 6학년 담임 선생님이 계신다. 당시에 나는 반장을 하면서 혼도 많이 났지만, 선생님은 내가 아버지를 일찍 여의고 어렵게 자란 것을 알고 관심을 더 가져 주셨다. 어느 화창한 날 교실 밖 화단으로 나를 불러 내셔서 아이들이 다 보는 앞에서 함께 사진을 찍어 주기도 하셨다.

시간이 흘러 초등학교를 졸업한 지 40년 가까이 되던 어느 날, 감사했던 선생님을 불현듯 뵙고 싶었다. 지방 교육청에 수소문해서 겨우 선생님의 연락처를 알게 되어 전화가 연결되었고, 수화기 너머로 선생님의 목소리가 들려왔다. 떨리는 마음으로 "안녕하세요, 선생님!" 하고 인사를 드렸다. 40년이라는 세월이 흘렀고 어느덧 50대가 된 내 목소리도 많이 달라져서 당연히 선생님이 나를 모르실 것이라고 생각했는데, 수화기 너머로 들려온 대답은 "기용이구나!"라는 따스한 음성이었다.

전화 속 목소리만으로도 오래전 제자임을 금세 알아차리신 사실이 너무나 놀라워 "선생님, 저를 어떻게 기억하세요?"라고 여쭈었다. 그러자 선생님은 "내가 너를 어떻게 잊을 수 있겠니?"라고 대답하셨다. 40년 전의 선생님도 어릴 적 제자의 목소리와 이름을 기억하고 계시는데, 하물며 모든 지각에 뛰어나신 하나님이 우리를 어찌 잊으시겠는가.

전임 목회지에 있을 때 책상 모서리에 발이 세게 부딪쳐서 새끼발가락에 미세하게 금이 간 적이 있었다. 치료를 잘 받으면 빨리 나을 수 있었을 텐데 사소하게 여겼고 바쁜 목회 일정 속에서 치료 시기를 놓쳐 8개월이나 고생을 했다. 이처럼 작은 뼈마디에 약간의 금만 가도 고통스러운데, 하나님은 사람의 몸에 있는 200여 개의 뼈 중 어느 하나도 꺾이지 않도록 보호하겠다고 약속하셨다(시 34:20). 이러한 약속을 하신 하나님은 언제나 참으로 공평하신 하나님(Fair God)이다.

에브라임 사람 엘가나에게는 한나와 브닌나라는 두 아내가 있었는데, 브닌나에게는 자식이 있고 한나에게는 자식이 없었다(삼상 1:2). 남편 엘가나는 한나를 더 사랑하여서 생활비도 갑절로 주었다. 그런데 한나는 임신하지 못하였기에 브닌나에게 멸시와 괴롭힘을 당했다. 괴로운 마음에 한나가 통곡하며 기도할 때 하나님은 한나의 기도를 들으시고 기적적으로 사무엘이라는 아이를 허락하셨다(삼상 1:20).

세상에는 많은 것을 가졌지만 영적으로 빈곤한 인생도 있고, 물질적으로 궁핍하지만 영적으로 부요한 인생도 있다. 우리는 성숙한 관점으로 고난을 바라보며, 하나님의 은혜로 모든 고난을 잘 감당할 수 있어야 한다. 하나님이 사명을 잘 감당하라고 우리에게 복을 주셨기에 늘 주위의 어려운 이웃과 교회들을 돌아보아야 한다.

성경은 의인이 부르짖으매 여호와께서 들으신다고 말한다(시 34:17). 그러므로 어려운 일을 만나도 '하나님이 나를 부르시는구나. 기도하라고 하시는구나. 하나님이 예비하신 선물이 있을 거야!'라고 긍정적인 믿음으로 나아가야 한다. 우리가 부르짖어 기도할 때 주님은 고난을 잘 감당하게 하실 뿐만 아니라 놀라운 은혜를 경험하게 하신다. 인생의 모든 문제와 고난을 하나님께 맡겨 드리며 새로운 나를 빚어 가시는 하나님의 기적을 경험하기를 축복한다.

14
하나님을 만났던
그곳으로 돌아가라

고난을 만날 때 알아야 할 것들

믿음의 조상 아브라함, 이삭, 야곱은 삶 속에서 만나는 수많은 크고 작은 문제를 우리가 어떻게 대처해야 하는지에 대한 실제적이고도 좋은 모델이 된다. 야곱이 당한 문제와 그 문제를 해결하는 과정을 통해 하나님이 오늘날 우리에게 주시는 메시지는 무엇일까?

가장 먼저 주목하려는 부분은 비극적 고통이 생각하지 못했던 때에 야곱에게 찾아왔다는 점이다. 이는 우리에게 몇 가지 중요한 교훈을 준다.

첫째, 하나님의 자녀에게도 비극적인 고통의 상황이 찾아올 수 있다는 것이다.

어떤 사람은 교회에 나와서 하나님을 믿기만 하면 삶의 모든 고통과 문제를 하나님이 다 해결해 주신다고 생각한다. 그래서 자신은 어떠한 어려움도 만나지 않으리라고 기대한다. 그러다가 원치 않았던 시련이나 고통을 만나게 되면 매우 낙심하고 실망한다.

몸에 달라붙어 살갗을 따갑게 찌르는 '가시덤불'과 '엉겅퀴'는 누구든지 만나게 되는 인생의 고통을 의미한다. 아담과 하와의 타락 이후 모든 인생의 여정에는 '가시덤불'과 '엉겅퀴'(창 3:18)의 삶이 예고되었고, 여기에는 믿음의 조상들도 예외가 아니었다. 그러므로 우리는 고통의 무게로 인해 낙심해서는 안 된다.

둘째, 하나님이 더 큰 축복과 은혜를 주시기 위한 연단과 시험(test)의 고난이 있다는 것이다.

아브라함에게는 이삭을 바쳐야 하는 고난이 있었다(창 22장). 욥에게는 열 명의 자녀와 많은 재산을 한날에 잃고, 자신은 머리끝에서 발끝까지 피부 질병으로 만신창이가 되며, 아내마저 떠나가는 고난이 있었다. 그러나 이 모든 것은 결국 욥을 통해 하나님의 영광을 드러내기 위한 고난이었다.

고난을 넘다

하나님은 밧단아람에서 20년 동안 고난의 시간을 보낸 야곱에게 벧엘로 돌아가라고 분명히 말씀하셨다(창 31:13). 20년 전 야곱이 인생 중에 가장 힘든 일을 만났을 때 하나님은 그를 벧엘(당시 이름 '루스')에서 만나 주셨다.

형 에서의 위협을 피해 외삼촌 라반이 살던 밧단아람으로 도망가던 중 야곱은 꿈속에서 하나님을 만났다. 그때 그는 "여호와께서 과연 여기 계시거늘 내가 알지 못하였도다"(창 28:16)라고 고백했다. 그리고 하나님을 만난 야곱은 자신의 문제를 해결하기 시작했다.

이처럼 모든 인생의 답은 하나님을 만나야만 얻을 수 있다. 모든 인생은 그 출발이 하나님께로부터 나서, 하나님 안에서 살다가, 하나님께로 돌아가기 때문이다.

사실 하나님이 도와주지 않으시면 우리는 알 수 없는 것이 너무나 많다. 인생을 깊고 넓고 멀리 바라보지 못해 어떤 때는 하나님을 오해하기도 한다. 정말 하나님이 살아 계시는가? 나를 돌보고 계시는가? 지금 함께하시는가? 나와 우리 가정을 향한 계획이 있으신가? 이러한 신앙적 갈등과 회의감에 빠지기도 한다.

야곱도 살기등등한 형을 피하여 도망하는 상황에서는 하나님의 존재와 사랑에 대해 회의감이 들었을 것이다. 그러나 그는 루스라는 곳에서 돌을 베고 잠을 자던 중에 꿈속에서 하나님을 만나 음성을 듣게 되었고, 그곳에서 자신과 자손들에 대한 놀라운 축복의 약속을 받았다. 그러자 그는 하나님께 서원했다. 만약 자신이 하나님의 은혜와 도우심으로 무사히 이곳에 다시 돌아오게 된다면 하나님을 만난 이곳이 '벧엘'이 될 것이며, 자신은 하나님의 집인 벧엘에서 하나님을 섬기고 제단을 쌓으며(예배) 십일조를 드리겠다는 것이었다 (창 28:19-22).

벧엘은 '하나님의 집'이라는 뜻이다. 야곱이 이곳을 벧엘이라고 부르겠다고 한 것은 하나님은 강하신 분이며, 모든 문제와 고통을 해결하실 수 있다는 신앙 고백이다. 그는 벧엘에서 하나님을 예배하는 집을 짓고, 그곳에서 하나님을 예배하고 섬기는 삶을 살겠다고 약속했다.

그로부터 20년이 지나고 야곱이 고향으로 다시 돌아오게 되었을 때 그는 형 에서가 400명을 거느리고 달려온다는 소식을 듣게 되자 두려움에 사로잡혔다. 야곱은 얍복 나루에 혼자 남아 허벅지 관절이 어긋날 정도로 하나님께 매달렸다. 그 결과 하나님은 그의 이름을 '이스라엘'로 바꿔 주셨다. 다음 날 에서의 마음이 누그러져 극적으로 화해를 이루게 되었다.

셋째, 고난의 상황을 만났을 때 믿음의 공동체에 속해 있어야 한다는 것이다.

신앙생활은 나 혼자 하는 것이 아니라, 함께하는 것이다. 아무리 약한 동물일지라도 떼를 이루면 맹수도 섣불리 공격하지 못하는 법이다. 무리에서 이탈해 홀로 있는 동물이 늘 공격의 대상이 된다. 신앙생활도 마찬가지다. 교회 안에서 함께 모여 말씀을 듣고 예배하며 뭉쳐서 기도하는 것이 참 중요하다.

나는 가족과 미국 생활을 처음 시작할 때 말 못 할 어려움을 겪었다. 아이들이 갑작스러운 이주로 언어 소통이 잘 안 되어 학교에서 커다란 장벽에 갇힌 것 같은 상황이었다. 그래서 처음 몇 달 동안은 학교에 가기만 하면 극심한 스트레스와 복통을 호소해 번번이 집으로 데려와야 할 정도로 몹시 힘들었다.

이런 상황에서 힘이 되었던 것은 미국인 교회에서 함께 신앙생활을 하던 성도님들이었다. 미국 교회는 주일에 교제하고 대화하면서 꼭 기도 제목을 묻고 기도해 주는 문화가 있다. 우리 아이들이 처한 어려운 상황을 설명하며 기도를 부탁하면 함께 기도해 주고, 그다음 주일에 만났을 때 잊지 않고 우리 아이들이 잘 지냈는지 관심을 가져 주는 것이 큰 힘이 되었다. 우리에게도 이런 믿음의 친구들이 많아야 한다.

야곱은 형을 피해 안전하다고 생각되는 세겜에 머물렀지만, 그것은 인간적인 판단이었다. 믿음의 사람들이 없는 그곳이야말로 가장 위험하다. 결국 야곱은 벧엘을 잊고 세겜 땅에 머물다가 딸과 아들들에게 비극적인 일이 일어나는 것을 목도하게 되었다.

넷째, 고난의 상황을 만났을 때 하나님의 음성을 들으면 회복되고 열리게 된다는 것이다.

야곱은 세겜에서 맞닥뜨린 엄청난 고난 앞에서 "벧엘로 올라가라! 네가 가장 힘들 때 내가 너를 만나 주었던 곳, 네가 하나님의 집이라고 명했던 곳, 네가 돌아와서 하나님을 예배하겠다고 한 그곳, 벧엘로 올라가라!"고 말씀하시는 하나님의 음성을 들었다. 하나님이 들려주신 이 사랑의 음성은 야곱 자신의 지혜와 힘으로는 도저히 해결할 수 없는 문제를 해결하기 위한 실마리였다.

택한 백성은 고난 중에 듣게 되는 하나님의 음성을 통해 깨닫는다. 고통의 상황 속에서 어떻게 해야 할지 모를 때는 하나님 앞으로 나아가야 하는 것이다. 예수님은 "사람이 떡으로만 살 것이 아니요 하나님의 입으로부터 나오는 모든 말씀으로 살 것이라"(마 4:4)라고 말씀하셨다. 천지를 창조하신 하나님의 말씀을 들으면 다시 살아나고 회복되며 문이 열리게 된다.

하나님은 말씀에 불순종하여 고통 중에 있는 야곱을 버리지 않으셨다. 사람은 다른 누군가를 쉽게 포기하지만, 사랑이신 하나님은 당신이 택한 자녀들을 절대로 그냥 내버려 두지 않으신다. 하나님의 사랑은 결코 포기하는 법이 없다.

하나님의 음성(말씀)은 인생의 문제에 대한 해답이다. 성경의 정경화(正經化)를 의미하는 '캐논'(canon)의 의미[표준, 규범, 자(尺)]에서도 알 수 있듯이, 하나님의 말씀은 하나님 자녀의 삶의 기준이자 표준이 되는 길을 보여 준다. 하나님은 우리가 풍성한 삶을 살 수 있도록 말씀으로 인도하신다. 그래서 아무리 어렵고 힘든 고통의 상황에 있을지라도 하나님의 말씀(음성)은 사막의 오아시스와 같은 희망이자 문제 해결의 열쇠다.

문제 해결, 어떻게 해야 하는가

이렇게 하나님의 음성을 들은 야곱은 마침내 크나큰 깨달음을 얻는다. 자신에게 주어진 엄청난 고통의 원인은 자신이 하나님과의 약속을 가벼이 여기고 하나님과 약속한 벧엘 대신 이방인들이 사는 세겜에 머물렀기 때문이었음을 깨달은 것이다. 하나님의 말씀에 불순종하고 그 뜻을 벗어나 사는 삶의 대가가 얼마나 큰지를 야곱은 뼈저리게 절감했을 것이다.

야곱의 삶에 비춰 볼 때, 우리 삶의 여러 가지 문제를 해결하는 길은 그리 어렵지 않고 의외로 단순하다.

첫째, '벧엘'로 올라가면 된다. 곧 예배와 믿음을 회복해야 한다.

"하나님이 야곱에게 이르시되 일어나 벧엘로 올라가서 거기 거주하며 네가 네 형 에서의 낯을 피하여 도망하던 때에 네게 나타났던 하나님께 거기서 제단을 쌓으라 하신지라"(창 35:1).

하나님이 야곱에게 이르신 이 말씀처럼 하나님을 계속 예배해야 한다.

아합과 이세벨 시대에 이스라엘은 예배가 무너졌는데, 그로 인해 3년 동안 비가 오지 않는 기근과 흉년이 있었고, 그 땅은 말할 수 없이 피폐해졌다. 그때 엘리야 선지자는 무너진 제단을 수축(修築)하는 것을 문제 해결의 첫 번째로 내놓았다(왕상 18:30-31).

비가 오지 않는 것과 예배가 무너진 것이 어떤 상관관계가 있기에 엘리야는 가장 먼저 무너진 제단을 다시 쌓으라고 했을까? 엘리야는 이스라엘 땅에 비가 3년 동안 내리지 않는 이유를 잘 알고 있었다. 이스라엘이 하나님이 택하신 백성임에도 불구하고 예배가 무너졌기 때문에 하늘의 문이 닫혀 버렸던 것이다.

야곱도 자기에게 발생한 엄청난 비극의 원인이 하나님을 처음 만났던 벧엘에서의 약속을 잊어버리고 준행하지 않았기 때문임을 알게 되었다. 어떤 사람들은 야곱처럼 벧엘, 즉 '하나님의 집'에 올라가서 예배하는 것이 뭐 그리 중요하냐고 반문할 수 있다. 그러나 예배드리는 것이야말로 우리 삶에서 가장 중요하다.

"이 백성은 내가 나를 위하여 지었나니 나를 찬송하게 하려 함이니라"(사 43:21).

이처럼 예배는 바로 인간이 창조된 목적이다. 하나님은 예배하는 자들을 찾고 계신다(요 4:23). 하나님이 예배하는 자들을 찾으시는 목적은 그들의 삶을 풍성케 하시고(요 10:10) 축복하시기 위함이다. 하나님의 집인 벧엘(성전)에 올라가서 예배를 회복할 때 삶의 모든 위기를 극복할 수 있게 된다. 성전에 올라가 하나님을 예배할 때 하나님의 큰 도우심을 받아 승리의 삶을 살게 된다(시 121:1-2).

하나님의 집으로 나아오는 인생은 올라가는 인생이요, 하나님의 집을 멀리하는 인생은 내려가는 인생이다. 어느 나라, 어느 시대를 막론하고 하나님의 전을 멀리하고 예배를 소홀히 하면 고통스러운 상황을 만나게 된다.

하나님 안에 우연은 없다. 하나님은 우리나라와 우리 민족에게도 고난을 통해 벧엘로 올라가라고 신호를 보내며 부르고 계신다. 주님을 만나 감격하며 예배드리고, 말씀과 기도의 시간을 사모하던 처음의 신앙을 회복해야 한다.

둘째, 이방 신상(우상)들을 버려야 한다.

야곱은 자기 집안사람들과 자기 집에 함께한 모든 사람에게 이방 신상들을 버리도록 촉구했다. 약 10년 동안 세겜에 머무는 동안 가족과 식솔들의 삶 속에 서서히 우상 숭배 문화와 풍습이 스며들었기 때문이다.

우상 숭배는 하나님보다 다른 것을 더 사랑하는 것이다. 골로새서 3장을 보면 "탐심은 우상 숭배니라"라고 말하며, 이로 인해 하나님의 진노가 임한다고 분명히 경고하고 있다 (골 3:5-6). 에베소서 5장에서도 우상 숭배자는 하나님의 나라에서 기업을 얻지 못한다고 말한다(엡 5:5).

또한 성경은 우상 숭배가 하나님이 가장 싫어하시는 죄악이며, 하나님의 진노를 임하게 하는 가장 무서운 죄라고 경고하고 있다(출 20:3-6).

현대인들에게는 돈이 최고의 우상이다. 그러나 돈을 사랑하는 것은 일만 악의 뿌리가 되며, 미혹을 받아 믿음에서 떠나게 되고, 오히려 많은 근심으로 인해 자신의 삶에 고통을 더하게 된다고 성경은 말한다(딤전 6:10).

어려울 때는 현재에 감사하며 자족할 줄 알고, 풍족할 때는 하나님께 더 드리며 더 많은 사람에게 흘려보낼 수 있어야 한다. 하나님이 아닌 다른 것을 사랑하고 숭배하는 삶을 이제는 내려놓아야 한다.

셋째, 자신을 정결하게 해야 한다.

정결하게 한다는 것은 거룩한 하나님의 백성이 세속적인 삶, 즉 죄로 오염되고 더러워졌던 삶으로부터 돌이키는 것을 의미한다. 자기 죄를 인정하며 예수님의 보혈로 죄 사함을 받아 새로운 삶을 사는 것을 의미한다. 이는 신학적으로는 '회개'를 의미한다.

또한 우리는 하나님의 말씀과 기도로 거룩해진다(딤전 4:5). 하나님의 말씀은 절제라는 삶의 열매를 맺게 한다. 절제하기

가장 어려운 시기인 청년들도 바로 하나님의 말씀을 통해서 죄를 이기며 정결한 삶을 살 수 있다(시 119:9, 11).

넷째, 의복을 바꾸어 입어야 한다.

의복을 바꾼다는 것은 세상의 그릇된 문화와 관습을 좇던 삶으로부터 돌이키는 것을 의미한다. 야곱과 그의 집안사람 모두는 하나님이 야곱에게 주신 말씀을 따라 벧엘로 올라가기로 결단했다. 그 즉시 자기 손에 있는 이방 신상들과 귀고리들을 야곱에게 주었고, 야곱은 그것을 상수리나무 아래에 묻고는 벧엘로 떠났다(창 35:3-5).

그때 하나님의 놀라운 기적이 일어났다. 야곱이 두려워했던 가나안 사람들이 오히려 숫자가 적은 야곱에 속한 사람들을 두려워하는 기이한 현상이 일어난 것이다(창 35:5). 이것은 하나님의 역사였다.

야곱이 벧엘로 올라가기로 결단할 때 기적이 일어났다. 야곱이 이방 신상들을 버리며 자신과 가족들을 정결하게 하고 의복을 바꾸어 입는 과정을 통해 하나님의 영이 그와 함께하시고, 그에게 리더십과 권위가 주어졌다. 하나님의 영은 정결함과 깨끗함을 지향하는 사람들과 공동체에 임하신다.

하나님은 높일 자를 높이시고, 낮출 자를 낮추신다. 하나님과 함께하는 사람들에게는 권위가 있다. 세상을 움직이는 리더십과 권위는 하나님을 찾고 정결한 삶을 살기 위해 몸부림칠 때 하나님께로부터 주어진다.

모든 문제 해결의 열쇠는 하나님께 있다. 하나님을 만났던 그곳으로 돌아가 하나님의 축복을 마음껏 누리기를 소망한다.

15
욕심쟁이에서
축복의 사람으로

상상할 수 없었던 대반전

죽은 줄로만 알았던 열한 번째 아들 요셉이 애굽의 총리
가 되었다는 사실을 알게 된 야곱은 요셉을 총애하던 애굽
바로의 배려로 대기근을 피해 가나안에서 애굽으로 내려오
게 된다. 이후 야곱은 바로를 만나 자신의 지난 삶을 고백하
며 그를 축복한다.

" [7] 요셉이 자기 아버지 야곱을 인도하여 바로 앞에 서게 하니
야곱이 바로에게 축복하매 [8] 바로가 야곱에게 묻되 네 나이가

얼마냐 ⁹ 야곱이 바로에게 아뢰되 내 나그네 길의 세월이 백삼
십 년이니이다 내 나이가 얼마 못 되니 우리 조상의 나그네 길
의 연조에 미치지 못하나 험악한 세월을 보내었나이다 하고
¹⁰야곱이 바로에게 축복하고 그 앞에서 나오니라"(창 47:7-10).

야곱은 조상이 물려준 약속의 땅을 떠나 애굽으로 이주해
야 하는 상황을 받아들이기가 힘들었을 것이다. 하지만 생존
을 위해서는 식량이 있는 애굽 땅으로 내려갈 수밖에 없었다.
당시 애굽은 전국이 12개 주로 구성된 매우 크고 힘 있는
나라였다. 더구나 요셉의 지혜로운 경영으로 바로에게 경제
력과 리더십이 집중된 상황이었다. 그 상황에서 바로를 만났
음에도 야곱은 기가 죽기는커녕 오히려 하나님의 이름으로
바로를 축복했다. 생존을 위해 양식을 구해야 하는 상황에서
도 야곱은 바로의 기세와 위엄에 눌리지 않았다.
야곱이 바로에게 한 축복은 단순한 문안 인사가 아니었
다. 구약 시대 족장들의 축복권은 일찍이 하나님이 아브라함
과 맺으신 계약에 근거했는데(창 12:3), 야곱은 그러한 축복권
을 가지고 그동안 바로가 베풀어 준 호의에 감사하는 마음
으로 번영과 안녕을 비는 축복을 했을 것이다. 힘이 있고 높
은 지위에 있는 사람이 약하고 낮은 지위에 있는 사람을 향

해 축복하는 것이 일반적이지만, 야곱은 자신의 처지에 아랑곳하지 않고 담대히 바로를 축복했다.

야곱이 바로를 축복하는 과정을 보며, 우리는 네 가지 사실을 알 수 있다.

축복은 하나님의 이름으로 누구나 할 수 있다

첫째, 타인을 축복하는 것은 축복하는 이의 지위나 소유지수와는 무관하다.

'축복하다'라는 단어는 구약성경에 415회나 등장한다. 하나님은 하나님의 사람들이 어떠한 형편에 있을지라도 하나님의 이름으로 누구든지 축복할 수 있다고 말씀하신다. 하나님은 예수님의 구속의 은혜 안에서 구원받은 사람들을 "왕 같은 제사장"(벤전 2:9)으로 삼으셨기 때문이다.

믿음의 사람들이 소유와 환경에 대한 열패감을 갖는 것은 하나님이 주신 생각이 아니다. 그것은 마귀에게 속는 것이다. 사람의 지위나 소유지수가 높지 않아도 얼마든지 상대방을 축복할 수 있음을 야곱의 경우를 통해 알 수 있다.

누가복음 2장을 보면, 믿음의 사람인 시므온과 안나는 예수님의 탄생을 가장 먼저 알고는 예수님의 육신의 부모인 요셉과 마리아를 축복했다. 그들은 육신으로나 세상적으로도 내세울 것이 전혀 없는 사람들이었음에도 기쁨과 확신에 찬 태도로 축복하는, 깨어 있는 모습을 보여 주었다.

애굽의 바로는 야곱 가족의 정착과 생존을 좌우하는 절대 권력자였다. 야곱은 그런 바로의 눈에 좋게 보여야 하는 상황임에도 바로를 만나자마자 축복했다. 이처럼 누군가를 축복하는 행위는 세상의 것을 근거로 하지 않음을 야곱을 통해 깨닫게 된다.

우리는 돈이 많거나 명망이 높아야만 하나님의 일을 할 수 있고 타인을 섬길 수 있다고 생각한다. 그러나 하나님의 일은 세상의 것으로 하는 게 아니다. 하나님의 일은 하나님의 것으로 하며, 야곱처럼 세상적으로 볼 때 낮은 지위에서도 하나님의 일을 할 수 있다. 소유가 많거나 높고 화려한 지위에 있어야만 사람들을 축복하고 세상을 구원하는 도구로 쓰임 받는 것이 아니라는 의미다.

야곱은 세상의 왕을 비롯한 모든 사람을 축복할 수 있는 특권이 자신에게 주어졌음을 알았다. 자신의 눈앞에 있는 사람이 세상의 지존이어도 그는 기죽지 않았던 것이다. 보통 사람 같으면 왕을 축복하는 일은 엄두도 못 냈을 것이다. 더군다나 왕에게 아쉬운 소리를 해야 하는 상황에서는 더더욱 그랬을 것이다. 그러나 야곱은 기가 죽거나 두려움에 떨지 않았다.

야곱은 이미 산전수전을 다 겪다가 하나님을 만남으로써 (창 32:26-28) 영적 내공이 쌓여 있었다. 하나님의 일을 하거나 다른 사람을 축복하려면 하나님과의 관계 회복이 필수다. 돈이나 지위가 결코 아니다. 돈을 대표로 하는 세상의 가치 기준에 기죽지 말아야 한다.

어떤 사람은 삶의 형편이 지금보다 더 나아지면 그때 가서 하나님의 일을 하겠다고 생각한다. 그러나 지금 주어진 형편에서 하나님의 일을 감당하지 못하면 삶의 여건이 좋아져도 감당하기가 쉽지 않다. 하나님은 현재의 모습이나 상황이 어떠하다 할지라도 지금 우리의 모습 그대로, 믿음으로 감당하는 태도를 더욱 기쁘게 받으신다. 작은 것에 충성해야 큰 것에도 충성할 수 있기 때문이다(눅 16:10).

나이와 상관없이 축복할 수 있다

둘째, 타인을 축복하고 섬기는 일은 나이에 구애받지 않는다.

애굽의 바로를 만났을 당시 야곱의 나이는 130세였다. 야곱은 이후에 17년을 더 살게 되는데, 자신의 생애가 얼마 남지 않은 상황에서도 그는 소심하게 행동하지 않고 담대히 하나님의 일을 대행했다. 축복하는 것은 하나님의 일이기 때문이다. 대부분의 사람은 젊을 때만 하나님의 일을 할 수 있다고 생각한다. 그러나 야곱은 130세의 나이에도 당당히 하나님의 일을 감당했다.

하나님 앞에서는 모든 직업에 귀천이 없고, 나이도 제한되지 않는다. 나이가 많다고 주눅 들 필요가 없다. 육신의 눈은 흐려져도 영의 눈은 열릴 수 있다. 겉사람은 낡아지나 속사람은 날로 새로워질 수 있다(고후 4:16).

야곱은 나이가 들수록 전성기였다. 비록 육신의 눈은 쇠하였지만, 그는 죽기 전 열두 아들의 미래를 영적인 눈으로 바라보며 축복 기도를 하였다. 세례 요한의 어머니인 엘리사벳은 예수님을 잉태한 마리아가 문안하는 소리만 듣고도 그녀가 잉태한 생명이 인류의 구세주이자 메시아가 될 것을 알고 "내 주의 어머니가 내게 나아오니 이 어찌 된 일인가"(눅 1:43)라고 고백했다. 갈렙은 85세에 전성기였고, 모세는 80세에 전성기였다. 우리도 이처럼 나이를 불문하고 하나님의 이름으로 눈앞에 있는 사람들을 축복하기를 소망한다.

인생은 나그네 길임을 기억하라

셋째, 야곱은 자신의 인생길을 '나그네 길'로 인식했다.

바로는 야곱을 만나자마자 그의 나이를 묻는데, 야곱은 나이를 말하면서 자신의 인생을 '나그네 길'로 표현했다. 이것은 인생의 참된 이치를 깨달은 이의 고백이라 할 수 있다. 나그네는 정처 없이 떠도는 순례자다. 나그네는 고향을 떠났기에 한편으로는 참된 고향을 그리워한다. 또한 나그네는 언제나 떠날 준비를 한다. 나그네는 진정으로 자기 소유가 없음을 깨달으며, 땅의 것에 미련을 두지 않는다. 나그네의 소유는 사실상 아무것도 없다. 나그네는 항상 이방인(客)이다.

인생이 나그네 길임을 알아야 욕심을 내려놓게 된다. 욕심을 내려놓아야 비로소 자기 앞에 있는 사람이 보이기 시작한다. 그리고 인생에서 무엇이 중요한지를 깨닫게 된다. 그전에는 세상 것의 크기와 양과 높이가 중요하게 보였다면, 인생은 나그네 길이라는 대명제를 깨닫게 되는 순간부터 내려놓음이 시작된다.

진정으로 내려놓을 때 비로소 타인을 축복할 수 있게 된다. 내 앞과 옆에 있는 사람들의 소중함을 깨닫게 되고, 그들과 소통할 수 있게 된다. 야곱이 모든 것을 내려놓았을 때

20년 동안 막혔던 쌍둥이 형 에서와의 담이 봄눈 녹듯 사라지고 소통과 화해가 이루어졌다.

나그네는 언제나 이방인이며 외로운 존재다. 이방인은 생존과 정착을 위해 몸부림친다. 인생길이 나그네의 길임을 깊이 깨달아야 이방인들이 눈에 들어오고, 힘들게 살아가는 그들에게 동병상련의 마음을 갖게 된다.

나그네는 주인이 아니고 언제나 객일 수밖에 없다. 인생길이 나그네의 길임을 깨닫지 못하면, 자신이 자기 인생의 주인이라고 착각하며 살게 된다. 인생길이 나그네의 길이라고 깨닫지 못하면, 깊은 고독과 변화된 상황에 잘 적응하기 어렵다.

또한 자신의 인생길만 나그네 길이라고, 정처 없는 이방인의 고달프고 외로운 길이라고 여기지 말아야 한다. 사실 모든 인생길은 나그네 길이요, 이방인의 길이다. 내 소유가 될 수 없는데도 내 것으로 만들기 위해 많은 사람이 아등바등하며 살고 있다.

어린 시절을 떠올려 보자. 집 앞에서 친구들과 땅따먹기 놀이를 하다가 많이 싸우기도 했다. 조금이라도 더 땅을 차지하려고 선을 긋고 싸우다가도 부모님이 부르시는 소리가 들리면 다 내려놓고 집으로 돌아갔다. 다음 날 땅따먹기 놀이를 했던 땅을 보면 열심히 그려 놓았던 선이 다 지워져 있고 남은 것이 없다. 그런데 놀이를 하는 그 순간만큼은 마음을 내려놓지 못한다. 우리의 인생도 나그네 길일 뿐인데 그것을 절감하지 못하기 때문에 서로 싸우게 된다.

다 내려놓고 곧 떠날 인생이라면 지금 상황과 주변 사람을 어떤 태도로 바라보게 될까? 인생길이 나그네 길임을 깨닫기만 해도 우리의 삶에는 많은 변화가 생긴다. 힘 있는 사람 앞에서 비굴해지지도 않고, 사람들 앞에서 교만해지지도 않게 될 것이다.

'축복하다'라는 말의 히브리어 '바라크'에는 '무릎을 꿇다'라는 의미도 있다. 인생길이 나그네 길임을 깨닫게 되면 상대방에게 낮은 자세로 다가갈 수 있다. 낮고 겸손한 자세를 지닐 때, 비로소 상대방도 우리의 축복을 감사함으로 받게 될 것이다. 높아진 마음으로 다가갈 때는 아무리 좋은 축복이라도 상대방이 잘 받지 않는다. 이 세상이 교회나 그리스도인의 축복과 섬김을 받지 않으려는 이유가 여기에 있다. 우리의 가난하던 마음이 어느새 높아져 세상에 들키고 만 것이다.

오늘 내가 다 내려놓고 떠나야 한다면, 지금 가진 것이 무엇이 중요하며, 지금 나의 지위가 무슨 의미가 있겠는가?

130년의 세월이 얼마 못 된다고 야곱이 고백했던 것처럼, 세월은 화살같이 빠르게 지나간다. 그리고 아무리 어려운 상황이라도 참고 견디면 그 또한 언젠가는 지나간다.

"내가 나그네 된 집에서 주의 율례들이 나의 노래가 되었나이다"(시 119:54)라고 노래한 시인도 하나님의 말씀(주의 율례)을 노래 삼아 붙들고 어렵고 고독한 나그네 인생길을 이겨 나갔다.

험악한 세월, 그 속에 하나님이 계셨다

넷째, 야곱은 자신이 '험악한 세월'을 보냈다고 고백했다.

이 고백에는 두 가지 의미가 담겨 있다. '험악한'을 뜻하는 '라아'라는 히브리어 표현은 '상하게 하다, 괴롭히다'라는 뜻을 가진 동사에서 파생되었는데, 함축적으로는 '역경, 고난'의 의미를 지니고 있다.

야곱은 말년에 삶을 돌아보면서, 자신이 하나님과 사람 앞에서 얼마나 악한 죄인인지를 깨달았다. 사람은 하나님을 만나야 진정한 자기 자아를 발견하고 깨닫게 된다. 그리고 인간의 뿌리 깊은 죄성도 발견한다. 자기 신념이 옳다고 생각하며 예수 믿는 사람들을 감옥에 집어넣었던 사도 바울은 예수님을 만난 뒤에 "죄인 중에 내가 괴수니라"(딤전 1:15)라고 고백했다. 하나님을 만나고 죄성을 깨달아야 비로소 다른 사람들을 축복하고 품는 삶을 살 수 있다.

또한, 험악한 세월을 보냈다는 야곱의 고백은 130년이라는 그의 생애가 얼마나 파란만장하고 고난으로 가득한 시간이었는지를 알게 해 준다. 그는 하란에서 20년 동안이나 종살이를 하면서 외삼촌에게 열 번이나 속았고, 형에게서 살해 위협을 받아 20년 동안이나 고향으로 돌아가지 못했으며, 베들레헴에서 사랑하는 아내 라헬을 잃었고, 20년 동안이나 그토록 사랑하던 아들 요셉이 죽은 줄로만 알았다.

야곱이 바로를 축복할 수 있었던 것은 기나긴 고난과 역경의 시간을 통해 하나님을 만났기 때문이며, 자신의 연약함을 깨닫고 욕심을 다 내려놓음으로써 하나님의 손에 붙들려서 축복의 통로로 쓰임 받게 되었기 때문이다.

험악한 세월을 살았다고 생각하는가? 삶의 과정은 어려우나 전체적으로 바라보았을 때는 축복의 시간이다. 그 시간이 있었기에 야곱은 바로에게까지도 담대히 축복할 수 있었다. 당신도 하나님이 고난을 통해서 주시는 은총을 마음껏 누리면서 긍정적인 자세로 많은 사람을 축복하는 사람이 되기를 기도한다.

16
하나님을
만나야 할 때

한계를 느낄 때 하나님 앞에 서다

웃시야왕은 남유다 왕국의 제10대 왕이다. 그가 죽던 해
에 나라는 극도의 불안과 불확실한 상황 속에 있었다. 이러
한 시대적 배경 속에서 이사야 선지자가 할 수 있는 일은 하
나님의 성전에서 하나님을 찾는 것뿐이었다.

당시의 유다 주변 정세는 극도로 불안했다. 이사야 5장에
서 하나님은 전쟁을 통한 심판을 예언하셨고, 그런 와중에
웃시야왕이 죽게 되었다. 당시 웃시야왕의 죽음은 이사야 선
지자에게 큰 충격을 주었을 것이다.

"¹ 웃시야왕이 죽던 해에 내가 본즉 주께서 높이 들린 보좌에 앉으셨는데 그의 옷자락은 성전에 가득하였고 ² 스랍들이 모시고 섰는데 각기 여섯 날개가 있어 그 둘로는 자기의 얼굴을 가리었고 그 둘로는 자기의 발을 가리었고 그 둘로는 날며 ³ 서로 불러 이르되 거룩하다 거룩하다 거룩하다 만군의 여호와여 그의 영광이 온 땅에 충만하도다 하더라 ⁴ 이같이 화답하는 자의 소리로 말미암아 문지방의 터가 요동하며 성전에 연기가 충만한지라 ⁵ 그때에 내가 말하되 화로다 나여 망하게 되었도다 나는 입술이 부정한 사람이요 나는 입술이 부정한 백성 중에 거주하면서 만군의 여호와이신 왕을 뵈었음이로다 하였더라 ⁶ 그때에 그 스랍 중의 하나가 부젓가락으로 제단에서 집은 바 핀 숯을 손에 가지고 내게로 날아와서 ⁷ 그것을 내 입술에 대며 이르되 보라 이것이 네 입에 닿았으니 네 악이 제하여졌고 네 죄가 사하여졌느니라 하더라"(사 6:1-7).

'웃시야'라는 이름의 뜻은 '여호와께서 도우셨다'이다. 웃시야왕은 그의 이름처럼 통치 중반까지는 하나님을 철저히 신뢰하고 선지자들의 말에 순종하는 선한 왕이었다. 웃시야가 하나님을 철저하게 의지할 때 하나님의 도우심으로 국력이 신장되고 왕권이 강화되었다. 근·현대사에서도 하나님을 잘 믿는 나라들이 하나님의 도우심으로 리더십을 갖게 된 경우를 많이 볼 수 있다.

그런데 웃시야에게 슬며시 교만한 마음이 들어왔다. 교만은 자기 스스로의 힘으로 어떤 일을 잘할 수 있다는 생각이다. 하나님의 도우심 없이 혼자서도 잘할 수 있다고 착각한 것이다. 결국 웃시야왕은 통치 후반기에 교만에 빠져서 선지자 이사야의 만류에도 불구하고 제사장들만 들어갈 수 있는 성소에 들어가 향단에 분향하려 했다(대하 26:16). 그 순간 하나님이 웃시야를 치셨고, 그는 나병에 걸렸다. 그는 죽는 날까지 성전 출입을 제한당했고, 왕궁이 아닌 별궁에서 비참한 말년을 지내다가 죽었다.

이러한 이유로 왕은 있지만 사실상 공백이나 다름없는 상황이 지속되다가 왕이 죽었으니, 나라에 혼란이 가중된 것은 당연했다. 이사야 선지자는 이처럼 혼돈의 상황 속에서 하나님의 성전을 찾았다. 왕의 신분이었을지라도 자신의 질병 하나를 어찌하지 못하고, 결국에는 죽음을 맞이한 웃시야의 생과 사를 바라보면서 이사야 선지자의 마음에는 만감이 교차했을 것이다.

인간은 연약한 존재다. 하나님이 생명을 주셔서 하루하루를 살아가는 것이지, 만약 지금이라도 하나님이 생명을 가져

가시면 곧장 흙으로 돌아가는 것이 인생이다. 그렇기에 겸손한 사람은 하나님이 도와주시지 않으면 아무것도 할 수 없음을 잘 알고 매사에 하나님을 인정한다. 이사야 선지자는 누가 시키지 않았어도 하나님의 성전을 향해 발걸음을 옮겼다.

하나님은 현실에서 자신의 한계를 느끼게 함으로써 우리가 하나님 앞으로 나아오도록 인도하신다. 아이성 전투가 그러했다(수 7:6-7). 여호수아와 이스라엘 군대는 그 크고 견고하던 여리고성조차도 피 한 방울 흘리지 않고 정복했다. 그래서 그들은 조그마한 성 아이를 정복하는 일은 식은 죽 먹기로 여기고 하나님을 찾지 않았다. 그러나 그들은 예상과는 달리 참패했고, 그제야 아이성 전투 전에 하나님께 기도한 적이 없음을 깨닫게 되었다. 곧 그들은 여호수아를 중심으로 하나님을 인정하고, 그들의 패인이 무엇인지를 하나님께 물었다.

우리는 매사에 하나님을 인정해야 하지만, 전쟁을 앞두고 하나님을 찾지 않은 이스라엘 백성과 같을 때가 많다. 하나님께 기도로 묻지 않고 하나님을 의지하지 않으며 살 때가 많은 것이다.

나는 중·고등학생 시절에 말을 잘하지 못했다. 학교나 교회에서 발표할 기회가 주어지면 가슴이 두근거리고 얼굴이 빨개지곤 했다. 지금도 하나님이 말씀을 주셔서 설교하는 것이지, 내가 말을 잘한다고는 생각하지 않는다.

매년 전국 청소년 성령 콘퍼런스가 개최되면 약 2천 명이 모이는데, 설교를 하기 위해 강단에 서면 4천여 개의 눈이 나를 주목한다. 그들 앞에 서기 위해 나는 집회 전까지 긴장과 싸움을 하며 더욱 기도에 힘쓴다. "주님, 청소년들을 제 힘으로 주목시킬 수 없습니다. 주님께 제 입술을 맡깁니다!" 이렇게 주님을 의지하고 강단에 올라 설교를 시작하면, 내가 생각해도 신기하게 하나님이 은혜를 주신다. 정말 하나님이 다 해 주시는 것이지, 우리의 힘으로 되는 것은 아무것도 없다.

우리는 웃시야왕과 같은 전철을 밟아서는 안 된다. 웃시야처럼 비참한 최후를 맞지 않도록 잘나갈 때 더 엎드리고 자신의 마음을 철저하게 관리해야 한다. 우리가 더 겸손히 하나님을 높이면 하나님이 더 크고 귀한 일을 맡기실 것이다.

그래서 사도 바울은 "나는 날마다 죽노라"(고전 15:31)라고 고백했다. 바울은 하나님께 세계적으로 쓰임 받아서 가는 곳마다 수많은 사람이 은혜를 받으니까 스스로 넘어질까 조심

하며 "죄인 중에 내가 괴수니라"(딤전 1:15)라고 고백하기도
했다. 우리는 외적인 문제들을 놓고 많이 기도하지만, 사실
은 드러나지 않는 내면의 교만이 더욱 심각한 문제다.

인간은 연약하기 그지없는 존재이지만 끊임없이 자기 스
스로의 힘만으로 살아갈 수 있다는 오해와 착각 속에 살아
간다. 그러다가 실패를 통해 자신의 연약함과 한계를 깨닫고
는 하나님을 인정하며 하나님 앞으로 나아오게 된다.

하나님께로 가는 장애물, 교만

하나님은 잠언 3장 6절을 통해 "너는 범사에 그를 인정하
라 그리하면 네 길을 지도하시리라"라고 말씀하신다. 누구든
지 하나님을 하나님으로 인정할 때 그분의 도우심과 돌보심
을 받는다. 또한 성경은 사람이 하나님을 인정할 때 그는 둘
러 가는 인생길이 아니라, 곧은길(paths straight)을 가게 된다고
말한다(잠 3:6). 피조물인 우리가 하나님을 인정하고 의뢰할
때 하나님의 도우심을 받아 곧은길을 가게 되는 것이다.

사람은 위에 계신 하나님을 바라보아야만 살아갈 수 있는
존재임에도 불구하고, 너무나 많은 경우 그 사실을 비웃거나
코웃음을 친다. 그러다 결국은 자신의 한계를 뼈저리게 깨닫

는다. 우리는 범사에 하나님을 인정해야 한다.

겉으로 드러나는 교만은 고칠 수 있지만, 드러나지 않는 교만은 쉽게 고치기 어렵다. 타인도, 심지어는 자신도 모르기 때문이다. 웃시야왕의 실패는 결국 교만이 그 원인이었다. 이사야는 웃시야왕이 죽었기 때문에 하나님의 성전을 찾은 것이 아니라, 웃시야왕의 비참한 최후를 보면서 하나님을 찾았다. 웃시야의 삶이 반면교사가 되었기 때문이다.

사회적인 지위나 소유 지수가 삶의 목적인 사람들은 이러한 교만으로 내면이 무너질 가능성이 크다. 하지만 하나님 없이는 나 자신이 아무것도 아닌 존재라는 사실을 뼈저리게 깨달은 사람의 내면은 건강하다. 누군가로부터 비난을 받으면 몹시 화가 나는가? 화가 난다는 것은 '나는 절대로 그런 사람이 아니다'라는 교만에서 비롯된 것일 수 있다.

오늘날 대한민국의 가장 심각한 문제는 무엇일까? 어떤 이들은 경제라고 말하고, 또 다른 이들은 국론 분열이나 도덕성 문제라고 말한다. 그러나 가장 큰 문제는 하나님 없이도 살아갈 수 있다는 인본주의적인 교만함일 것이다. 그전에는 군대에서도 병사들이 신앙전력화를 위해 종교를 갖도록 장려하는 문화였지만, 지금은 이 사회에서 하나님을 믿고 의지하는 삶을 백안시(白眼視)하는 문화가 되어 버렸다. 그 사이에 벌써 교만해진 것이다.

그 결과 우리 사회는 많은 문제로 몸살을 앓고 있다. 가정이 흔들리고, 세계 최고의 저출산율 등 많은 사회적 병리 현상으로 고통 속에 놓여 있다. 하나님을 멀리한 개인과 사회와 국가는 결국 실패할 수밖에 없다. 지금의 대한민국이 이렇게 성장한 것은 어렵고 힘든 중에도 하나님을 열심히 찾고 의지했던 믿음의 선배들이 눈물 뿌리며 기도한 결과임을 후대의 사람들은 잊지 말아야 할 것이다.

하나님을 만나 보면 안다

이사야 선지자가 성전에서 환상 중에 만난 하나님은 "높이 들린 보좌"에 앉아 계셨다(사 6:1). '높이 들린'에 해당하는 히브리어 '람 웨니사'는 두 개의 분사가 접속사 '와우'로 연결된 구조인데, 이는 하나님이 높이 들린 보좌에 지속적으로 앉아 계심을 강조하는 표현이다. 하나님은 어떠한 상황과 환경에도 변함없이 가장 높은 곳에 계셔서 인간과 모든 피조물의 찬양과 경배의 대상이 되신다.

'보좌'는 왕이 앉아서 통치하는 곳이다. 하나님은 온 우주와 민족과 국가와 모든 인생의 흥망성쇠와 생사화복을 주관하시는 분이다. '역사'(History)는 '그분의 이야기'(His+Story)다. 이사야 선지자는 환상 중에 인간이 역사를 주도하는 것이 아니라 하나님이 역사를 주관하고 계심을 보게 되었고, 이로 인해 삶과 상황을 바라보는 관점이 바뀌게 되었다.

다니엘은 포로로 잡혀서 바벨론으로 끌려갔지만, 그곳에서도 하루에 세 번씩 창문을 열고 예루살렘에 있는 성전을 향하여 무릎을 꿇고 기도했다. 성전에 충만하게 임재하신 주님의 영광을 사모했기 때문이다.

성전은 신비다. 이 세상의 그 어떤 곳보다 충만한 하나님의 임재가 있는 곳이다. 다니엘이 바벨론에서의 외롭고 고독한 포로 상황에서도 믿음을 빼앗기지 않고 승리할 수 있었던 이유는 성전을 사모하는 마음이 그의 중심에 있었기 때문이다. 정적들의 모함으로 목숨을 잃을 수 있는 상황에서도 다니엘은 성전을 향하는 예배를 결코 포기할 수 없었다. 그 어떤 이유로도 성전을 향한 기도를 놓칠 수 없었던 것이다.

하나님은 우리가 성전을 향할 때 도우신다. 어떠한 불리한 상황에 있더라도 성전 중심의 신앙은 우리를 세상에 지지 않고 승리하게 한다. 성전을 멀리하거나 성전의 예배를 소홀히 한 이스라엘의 왕들치고 하나님의 복을 받은 자는 단 한 사람도 없다. 반면, 어떤 위기 가운데 있더라도 성전을 찾는 이들은 모두 하나님의 도우심을 받아 기적적으로 승리했다.

이사야 선지자는 여섯 날개 스랍(Seraphim)들이 두 날개로 얼굴을 가린 것을 보았다. 이는 거룩하신 주님 앞에서 경외와 두려움을 가진다는 표시다. 다른 것은 보지 않겠다는 의미다. 반면, 귀를 막지 않은 것은 하나님의 음성을 듣겠다는 뜻이다. 두 날개로 발을 가린 것은 겸손과 무가치함의 표현이다. 하나님 앞에서는 아무것도 내세울 것이 없는 연약하고 미약한 존재라는 의미다. 두 날개로 날고 있는 것은 하나님의 뜻과 명령을 수행하기 위함이다.

"불러"(사 6:3)에 해당하는 히브리어 '카라'는 목소리를 드높여 찬양하는 것을 의미한다. '거룩하다'를 세 번 반복한 것은 거룩하신 하나님을 강조하기 위한 표현이다.

성전에서의 예배가 있는 곳에 하나님은 쉐키나(shekinah, 하나님의 영광이 가득하다)의 영광으로 임재하시고 찾아오신다. 찬양이 있는 곳에 하나님은 임재하신다. 성전에 충만한 "연기"(사 6:4)는 하나님의 영광스러운 임재를 상징하는 표현이다. 이처럼 믿음의 찬양은 하나님의 임재를 경험하게 한다.

이사야는 하나님의 임재를 경험하며 자신의 진짜 모습을 발견했다. 그는 본래 하나님의 말씀에 귀를 기울이지 않는 백성들과 세상을 향해 비판하는 선지자의 위치에 있었다. 그런데 높이 들린 보좌에 앉으신 하나님을 만나고 난 후에는 "화로다 나여 망하게 되었도다 나는 입술이 부정한 사람이요 나는 입술이 부정한 백성 중에 거주하면서 만군의 여호와이신 왕을 뵈었음이로다"(사 6:5)라고 하면서 자신이 가장 저주받을 인생이라고 고백했다. 이처럼 하나님을 만난 사람은 스스로 죄인임을 고백하고 회개한다. 그때 비로소 하나님의 역사가 시작된다.

진정한 삶의 변화는 이처럼 회개로부터 시작된다. 회개를 통해 삶이 변화된 사람은 하나님 앞에 기꺼이 헌신하겠다는 결단을 하게 된다.

"내가 또 주의 목소리를 들으니 주께서 이르시되 내가 누구를 보내며 누가 우리를 위하여 갈꼬 하시니 그때에 내가 이르되 내가 여기 있나이다 나를 보내소서 하였더니"(사 6:8).

우리는 주님의 은총 없이는 심판대 앞에서 지옥에 갈 수밖에 없는 존재다. 하나님의 영광스러운 빛이 비치면 우리의 모든 것이 드러난다. 주님의 심판대 앞에서도 마찬가지다. 그 심판의 때에 예수님이 하나님의 보좌 우편에서 우리를 위해 변론해 주신다. 지옥에 갈 수밖에 없는 우리의 죄성을 예수님이 다 가려 주시는 것이다. 하나님은 구세주를 믿는 믿음 때문에 믿음의 자녀들인 우리들을 하나님 나라에 들어가게 하신다. 우리의 인생 모든 것이 주님의 은혜다.

고난을 넘다